JN108366

ATHENS ⑤　　　　　　H 6 年 8 月 22 日（日）　天気 晴れて

睡眠	就寝時間	22 : 30	TOTAL	低酸素室	安静脈拍数（起床時）	体重	起床時	41.3 kg	Hb	
	起床時間	5 : 30	7 h		56 拍／分		練習後	kg		g／dl
	充分・普通・不足						体脂肪率	％	生理	日目

治療	場所（治療院名・トレーナー名等）	内容（時間）	便通	特記事項
	高橋さん	マッサージ・鍼・灸　電気・整体　[: ～ :]　超音波( )・サモア( )・低周波( )	軟・普・硬・無 ( )	

朝練習	練習開始時間	6 : 30	場所	海岸沿い
	練習終了時間	7 : 25	意欲	5・4・③・2・1
	内容： JOG 45'			
	走行距離	8.5 km		

所感（トレーニング・体調・その他）

今日はアテネオリンピックのマラソンを走った。スタート時の気温が 35℃という条件の中のレースで予想通りスローペースの入りだった。走る前に 25km くらいでスパートしろという事と、給水を細めにしろという 2つのポイントを頭に入れて走った。自信を持ってレースに望めた事と冷静でいられた事が良かった。オリンピック発祥の地で走れ、その上勝利を手にできた事がとても嬉しい。今、改めて監督・広瀬さん、本田さん、佐藤夫妻、高橋さん、西みさんにサポートしてもらった皆の金メダルだと思います。本当にありがとうございます。

本練習	練習開始時間	17 : 15	場所	アテネ
	練習終了時間	:	意欲	⑤・4・3・2・1
	内容・結果： 18:00スタート			
	アテネオリンピックマラソン 42.195km			
	2°26'20" 1位 金メダル			
	走行距離	45 km		

その他	練習開始時間	:	場所	
	練習終了時間	:	意欲	5・4・3・2・1
	内容： ウェイト(％) ／ 補強( )			
	走行距離	km		☆一日の総走行距離 53.5 km

	朝食	昼食	夕食		薬・サプリメント	
食事	寮食	寮食	寮食		ヘマニック	錠／回 朝・昼・夕
					ヘム鉄	錠／回 朝・昼・夕
					フェロミア錠	錠／回 朝・昼・夕
					シナール錠	錠／回 朝・昼・夕
					バンビタン	錠／回 朝・昼・夕
					キヨレオピン	C／回 朝・昼・夕
						錠／回 朝・昼・夕
						錠／回 朝・昼・夕
	食欲 5・4・3・2・1	食欲 5・4・3・2・1	食欲 5・4・3・2・1		アミノバイタル・プロテイン・ジョグメイト　カルファ・田七・Feタブ・Cタブ・アイアン	

左側（前ページの一部）：

土 ）　天気 晴れ

kg	Hb	
kg		g／
％	生理	日目

事項

あした！！

（体調・その他）

...時、明日の事を考て
...の事、UP downの激...
...とにかく明日はやっ
...きたら、もう一こ上ん
...思っている。みんだ...
...たんだ！自信を確か⑦
...ナ：モリも少し、昆明で...
...を後押ししてくれ...
...なにやってきたという
...に見てもらいたい。
...全て出せたらってもり...
...れたなど2時半...
...のやって来たこと...
...す!!　...余...
...レース展開に対応...
...イスの対応だなど...深謝する

...の総走行距離 24.5 km

ヘマニック	錠／回 朝・昼・夕
ヘム鉄	錠／回 朝・昼・夕
フェロミア錠	1 錠／回 朝・昼・夕
シナール錠	1 錠／回 朝・昼・夕
バンビタン	錠／回 朝・昼・夕
キヨレオピン	1 C／回 朝・昼・夕
	錠／回 朝・昼・夕
	錠／回 朝・昼・夕

アミノバイタル・プロテイン・ジョグメイト
カルファ・田七・Feタブ・Cタブ・...

上／2004年のアテネ五輪女子マラソン。野口は、レース終盤に差しかかる前の25kmから勝負を仕掛けた

右／前年のパリ世界選手権で優勝したキャサリン・ヌデレバ（ケニア）や、2時間15分25秒の世界記録（当時）を持つポーラ・ラドクリフ（イギリス）ら世界の強豪選手を破り、日本勢として2大会連続の金メダルを獲得した

上／2年連続で全国高校総体（インター
ハイ）に3000mで出場したが、予選敗
退に終わっている。高校時代は全国で
名を知られた存在ではなかった　右／
全国高校駅伝に出場し、エース区間の1
区を担う。区間16位。後にベルリン世
界選手権（2009年）で7位入賞の加納
由理と競り合う

上／「ハーフの女王」と呼ばれ始めた頃、初マラソンに挑む前に、1万mでエドモントン世界選手権（2001年）に出場した。結果は13位　左／2002年3月の名古屋国際女子マラソンで初マラソンに挑戦。暑さもあって、目標の初マラソン世界最高は逃したものの、2時間25分35秒で優勝した　下／序盤からハイペースとなった2003年の大阪国際女子マラソンは、当時の日本歴代2位、国内最高となる2時間21分18秒の好記録で優勝。パリ世界選手権の切符を手にした

上／2003年パリ世界選手権、キャサリン・ヌデレバ（ケニア、No.658）ら世界のトップ選手を従えて、積極的にレースを進めた。ヌデレバには敗れたが、2位になり、アテネ五輪日本代表に内定した　左／パリ世界選手権で優勝したヌデレバと日本勢。野口が銀メダル、千葉真子（右）が銅メダル、坂本直子（左）が4位入賞と上位を席巻し、団体（ワールドカップ）では金メダルに輝いた　右／2005年のベルリンマラソン以来、2年ぶりのマラソンとなった07年東京国際女子マラソンで、大会新記録を打ち立てて優勝し、翌年の北京五輪代表の出場権を手にした

2016年3月の名古屋ウィメンズマラソン
は23位でフィニッシュ。自己ワースト記録
だったものの、沿道の大きな声援を受け、
思い出に残るレースになった

金メダリストのマラソントレーニング

野口みずき
の練習日誌

RUNNING NOTE BY MIZUKI NOGUCHI BETWEEN 1999-2016

野口みずき 著

はじめに

　この本は、私が現役時代に毎日欠かさず書いていた練習日誌から、マラソントレーニングの取り組みを中心に紹介し、まとめたものです。

　中学で陸上競技を始めたときからずっと、練習日誌は、私にとってなくてはならないものでした。1997年に実業団に進み、2016年に現役を引退するまでの19年間で、練習日誌は50冊余りに上ります。

　毎日、1日の終わりに、その日のことを思い返しながら書いていました。もちろん、書くことが面倒に感じる日もありましたが、日誌を書き終わらないと、1日が終わらない気がするんです。毎日の歯磨きみたいなものですね。

　今、日誌を読み返すと、その頃の情景や自分自身の気持ちがよみがえってきます。乱れた字で適当に書いている日もあれば、きっちり整った字でびっしりと書き込んでいる日があったり。行間にある、あえて書かなかった本音までも思い出します。

　中学・高校時代や実業団の初めの頃は、先生や監督などに報告するために敬語で書いていましたが、そのうち、自分に向けて書くようになっていきました。そのとき感じたことや自分の考えを、できるだけ正確に表現できるような言葉を探して書くことは、良い訓練になっていたと思います。記者会見やインタビューなどで、自分の言葉で答えることができるようになったのも、練習日誌のおかげでした。

　実業団になってからは、日誌を監督とコーチに毎日提出し、そのときの体調や、練習の消化具合を共有していました。毎日ではありませんが、監督やコーチから赤ペンでコメントが入ることもありました。

　予定していた練習をこなせなかった日などは、その理由を言語化し自己分析をします。脚に違和感があっても、選手は"練習をしたい"という気持ちが強く、指導者にはなかなか言い出せないもので

す。でも私は、自分の状態を客観的に把握し、きちんと伝えるようにしていました。やはり自分の痛みは自分にしか分からないものです。なるべく詳細に、かつ、客観的に書くように努めていました。

それによって、監督やコーチは、あらかじめ組んでいた練習をそのまま課すのではなく、体調や脚の状態に合わせて、メニューを調整してくれます。

このように練習日誌は、監督やコーチとの情報共有の場であり、より良い練習をしていくための大切なツールとなっていきました。

練習日誌を付けることは、マラソンを走ることと似ています。

マラソンで結果を出すためには、練習をこつこつと積み重ねていくしかありません。練習日誌も、日々こつこつと書き記していくだけです。その積み重ねた記録と経験が、困難にぶち当たったとき、前に進むための力となってくれます。

マラソントレーニングは、基本的に同じ練習メニューの繰り返しです。設定タイムを上げたり、走行距離を延ばしたりなどして、質量ともにレベルアップをさせていきます。練習日誌を見返すことで、以前のタイムと比べて成長を実感することができ、目標を設定するときには、具体的な数字をイメージすることができました。

そして、大きなレースの前には、積み上げてきた練習を日誌で振り返ることで、自分を信じ、鼓舞することができました。

練習日誌には、陸上選手としての私のすべてが詰まっています。

その日誌から、"世界一の練習"をこなしてピークへと駆け上がったときだけでなく、思うように走れなくなってからの工夫や取り組みについても紹介をしました。

本書が、ランナーの皆さんのレベルアップに役立つことができれば幸いです。

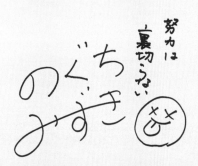

もくじ

［図解］練習日誌

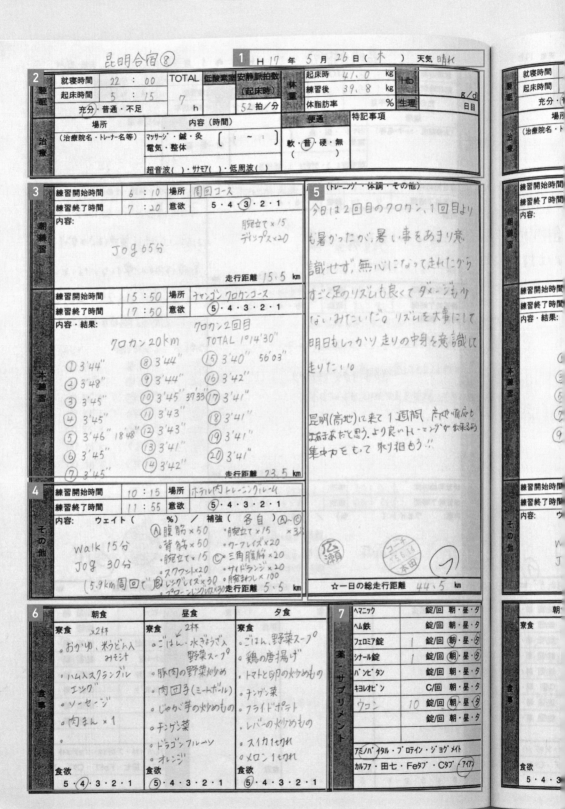

昆明合宿⑧

1 H17 年 5 月 26 日（木 ） 天気 晴れ

2 睡眠

就寝時間	22：00	TOTAL	低酸素室	安静脈拍数（起床時）	体重	起床時	41.0	kg	Hb
起床時間	5：15	7 h		52 拍／分		練習後	39.8	kg	
充分・普通・不足						体脂肪率	％	生理	g／dl

治療

場所	内容（時間）	便通	特記事項
（治療院名・トレーナー名等）	マッサージ・鍼・灸 電気・整体 〔 ： ～ 〕	軟・普・硬・無 （ ）	
	超音波（ ）・サモア（ ）・低周波（ ）		

3 朝練習

練習開始時間	6：10	場所	周回コース
練習終了時間	7：20	意欲	5・4・③・2・1

内容：
Jog 65分
腕立て×15
ディップス×20

走行距離 15.5 km

本練習

練習開始時間	15：50	場所	チャンゴン クロカンコース
練習終了時間	17：50	意欲	⑤・4・3・2・1

内容・結果：
クロカン2回目
クロカン20km　　TOTAL 1°14'30"

① 3'44"　⑧ 3'44"　⑮ 3'40" 56'03"
② 3'48"　⑨ 3'44"　⑯ 3'42"
③ 3'45"　⑩ 3'45" 37'33" ⑰ 3'41"
④ 3'45"　⑪ 3'43"　⑱ 3'41"
⑤ 3'46" 18'48" ⑫ 3'43"　⑲ 3'41"
⑥ 3'45"　⑬ 3'41"　⑳ 3'41"
⑦ 3'45"　⑭ 3'42"

走行距離 23.5 km

4 その他

練習開始時間	10：15	場所	ホテル内 トレーニングルーム
練習終了時間	11：55	意欲	⑤・4・3・2・1

内容：　ウェイト（　　％）／補強（各自）Ⓐ～Ⓒ
Walk 15分
Jog 30分
（5.9km周回で）

Ⓐ腹筋×50　・腕立て×15　×3セット
・背筋×50　・ツーフレイズ×20
・腕立て×15　・三角腹筋×20
スクワット×20　・サイドランジ×20
Ⓑレッグレイズ×30　・腕まわし×100
・プラーン リングレイズ×30 走行距離 5.5 km

5 本練習（トレーニング・体調・その他）

今日は2回目のクロカン、1回目より
も暑かったが、暑い事をあまり意
識せず、無心になって走れたから
すごく足のリズムも良くてダメージも
ないみたいだ。リズムを大事にして
明日もしっかり走りの中身を意識に
走りたい。

昆明（高地）に来て1週間。高地順応も
上応未だと思う。より良いトレーニングが出来るよう
集中力をもって取り組もう。‼

☆一日の総走行距離 44.5 km

6 食事

	朝食	昼食	夕食
	寮食 x2杯	寮食 2杯	寮食
	・おかゆ、おうどん入 みそシ	・ごはん・水ぎょうざ入 野菜スープ	・ごはん、野菜スープ
	・ハム入スクランブル エッグ	・豚肉の野菜炒め	・鶏の唐揚げ
	・ソーセージ	・肉団子（ミートボール）	・トマトと卵の炒めもの
	・肉まん×1	・じゃが芋の炒めもの	・チンゲン菜
	・	・チンゲン菜	・フライドポテト
		・ドラゴンフルーツ	・レバーの炒めもの
		・オレンジ	・スイカ1切れ
			・メロン1切れ
食欲	5・④・3・2・1	⑤・4・3・2・1	⑤・4・3・2・1

7 薬・サプリメント

ヘマニック	錠／回 朝・昼・夕
ヘム鉄	錠／回 朝・昼・夕
フェロミア錠	1 錠／回 朝・昼・夕
シナール錠	1 錠／回 朝・昼・夕
バンビタン	錠／回 朝・昼・夕
キョレオピン	C／回 朝・昼・夕
ウコン	10 錠／回 朝・昼・夕
	錠／回 朝・昼・夕

アミノバイタル・プロテイン・ジョグメイト
カルファ・田七・Feタブ・Cタブ 7(7)

現役時代、実際に使用していた
練習日誌に、どのようなことを
記していたのか、図解で説明します。

1 天気

天候を記入。それほど細かくは
ないものの、「くもり→雨」「少し
だけ雨」などと、1日の大まかな
天候の変化を書いておき、後で
思い出せるようにしていました。

2 体調（睡眠、治療、体重、ヘモグロビン値、生理、便通、特記事項）

体重の変化や心拍数、睡眠時間などの客観的なデータのほか、睡眠の質を書き込んでいました。生理もトレーニングに影響します。これら体調面を監督、コーチと共有することで、メニューの微細な調整をしてくれていました。

詳しくはP170
「COLUMN 3 生理との付き合い方」へ

3 練習内容

朝練習、本練習に分けて記入していました。練習での細かいタイムなどは、ウォッチに記録しておくこともできましたが、1日の終わりに書き記すことで、その日の練習を振り返ることができました。設定通りにこなせなかったときなど、たまに書きたくないときもありましたが、きちんと記さないと、どこか落ち着きませんでした。故障の予兆となる体のわずかな変化も、練習内容からうかがえることが多かったです。

5 所感（トレーニング、体調、その他）

練習で感じたことや、体調の変化、体の痛みなど気になったことを書き込んでいました。また、目標のレースに向けた決意などを記すこともあります。練習日誌は大事なレースの前に見返すことが多いので、そのときに力になるように、ポジティブな表現を使うことが多かったです。大切なレースでアクシデントがあったり、失敗したりしても、しっかりと次に走るための準備をしていかなければいけません。マイナスの要素に流されず、気持ちを切り替えるためにも、前向きな言葉を記しておくことが大切だと思っています。

4 その他、本練習以外に取り組んだこと

早朝の練習と午後の本練習以外に、午前中などに行った自主的なトレーニングを書き込んでいました。普段は、補強やウエイトトレーニングに充てています。また、故障しているときは、普段の補強のメニューをさらに増やして行ったり、バイクトレーニングやウォーキングをしたりしていました。

詳しくはP54
「COLUMN 1 筋トレについて」へ

6 食事内容

どんなに苦しいときでも、しっかりと食べるように心がけていました。普段の寮生活では寮食とだけ記載していることが多いのですが、合宿時にホテルなどのバイキングだったときには、何を食べたのかを詳細に記していました。食欲を5段階で評価しており、ほぼ「5」だったと思います。

詳しくはP102
「COLUMN 2 食事とウエイトコントロール」へ

7 薬・サプリメント

サプリメントは、チームから様々なものが提供されていましたが、自分の体感にしたがって、取捨選択をしていました。合宿で一番ハードに走り込んでいるときには、マルチビタミンやアミノ酸、鉄剤などを摂りましたし、筋力をしっかり付けたいので、練習直後にはプロテイン（水に溶かすタイプ）を飲んでいました。リカバリーのためにはアスタキサンチンを、現役引退前には、疲労回復のためのEPAなども摂っていました。

本書は『ランニングマガジン・クリール』
2019年6月号〜2021年4月号までの連載
「野口みずきの練習ノート」に大幅な加筆修正をし、
一部項目を追加してまとめたものです。

練習日誌の引用部分（P66〜101、P114〜161、P166
〜169）の文字表記は、基本的に原本に
従いました。明らかな誤字・脱字、
事実誤認に関しては最小限の修正を施しました。

取材協力　廣瀬永和
デザイン　吉村雄大
写真　　　阿部卓功（練習日誌撮り下ろし）
　　　　　毛受亮介（プロフィールほか）
　　　　　ベースボール・マガジン社
　　　　　JMPA
　　　　　Getty images
写真提供　野口みずき
　　　　　廣瀬永和
構成　　　和田悟志
編集　　　駒木綾子
編集協力　藤森順子、渡辺千里

第 1 章

オリンピック金メダルへの道

ハーフマラソンで実績を残し、ロードに活躍の場を見出した
野口みずきは、2002年に満を持して初マラソンに挑戦。
そして、その2年後にはアテネ五輪で金メダルを獲得。
一気に世界のトップランナーへと駆け上がっていった。

ハーフの女王が初マラソンに挑むまで

ハーフマラソンから始まった
頂点への道

アテネ五輪金メダル、マラソン日本記録樹立と、私の競技人生は順風満帆だったと思われているかもしれません。ですが、実業団に進んだばかりの頃は、なかなか結果を残せませんでした。それでも、関西実業団の合同合宿で30km走を行ったときなどに、みんながずるずると後退する中、最後まで先頭グループに残ることができて、「もしかしたら長い距離が向いているのかな」と思うことがありました。

最初の転機は、社会人2年目の終わり（1999年2月）に出場した犬山ハーフマラソンです。通過の5kmも10kmも、トラックの自己ベストより速く、良いリズムを刻んで走ることができたのです。最後はペースダウンしたものの、初ハーフを1時間10分16秒の好記録で優勝できました。その数週間後のまつえレディースハーフマラソンも2位。当時は「ハーフぐらいは走っておこう」という程度の考えでしたが、立て続けに好結果を残せました。このときに分かったのですが、私はトラックよりもロードのほうがリズムを取りやすく、好不調の波も小さかったのです。それからは練習も、ロードと長い距離が中心になっていきました。

そして、7月の札幌国際ハーフでリディア・シモン（ルーマニア）に次いで2位に入り、10月にイタリアで開催された世界ハーフマラソン選手権の日本代表に選出されました。これが私にとって初めての世界大会となりました。世界ハーフに向けて、美瑛（北海道）、菅平高原（長野県）とアップダウンのある土地で走り込みました。練習日誌を振り返ると、初めての日本代表とはいえ、マラソンのような調整はせず、試合が近づいてきていても普通にしっかりと練習をしています。もちろん最終調整はしていますが…。そしてレース本番。最初は先頭集団についていこうと思っていたのですが、スローペースの展開になり、結局、15kmくらいまで先頭を引っ張ることになりました。周回コースだったので、1周ごとに、MCの方が「ミズキ・ノグチ！」と実況してくれるのが気持ち良く、楽しく走れました。最後は、当時の女子マラソン世界記録保持者だったテグラ・ロルーペ選手（ケニア）に抜かれましたが、1時間9分12秒で銀メダルを獲ることができました。ただ、レース自体は楽しめましたが、日本人1位と報道されるのは少し嫌でした。負けは負け。2位で満足してはいけないと自分自身には言い聞かせていました。

世界ハーフの1カ月後の名古屋ハーフでも、9分を切って1時間8分30秒で優勝。ハーフを始めて1年も経たないうちに、2分近く記録を縮めることができました。この年はトラックの5000mでも自己記録を連発。ロードで土台をつくっていくことで、トラックの記録も伸びました。

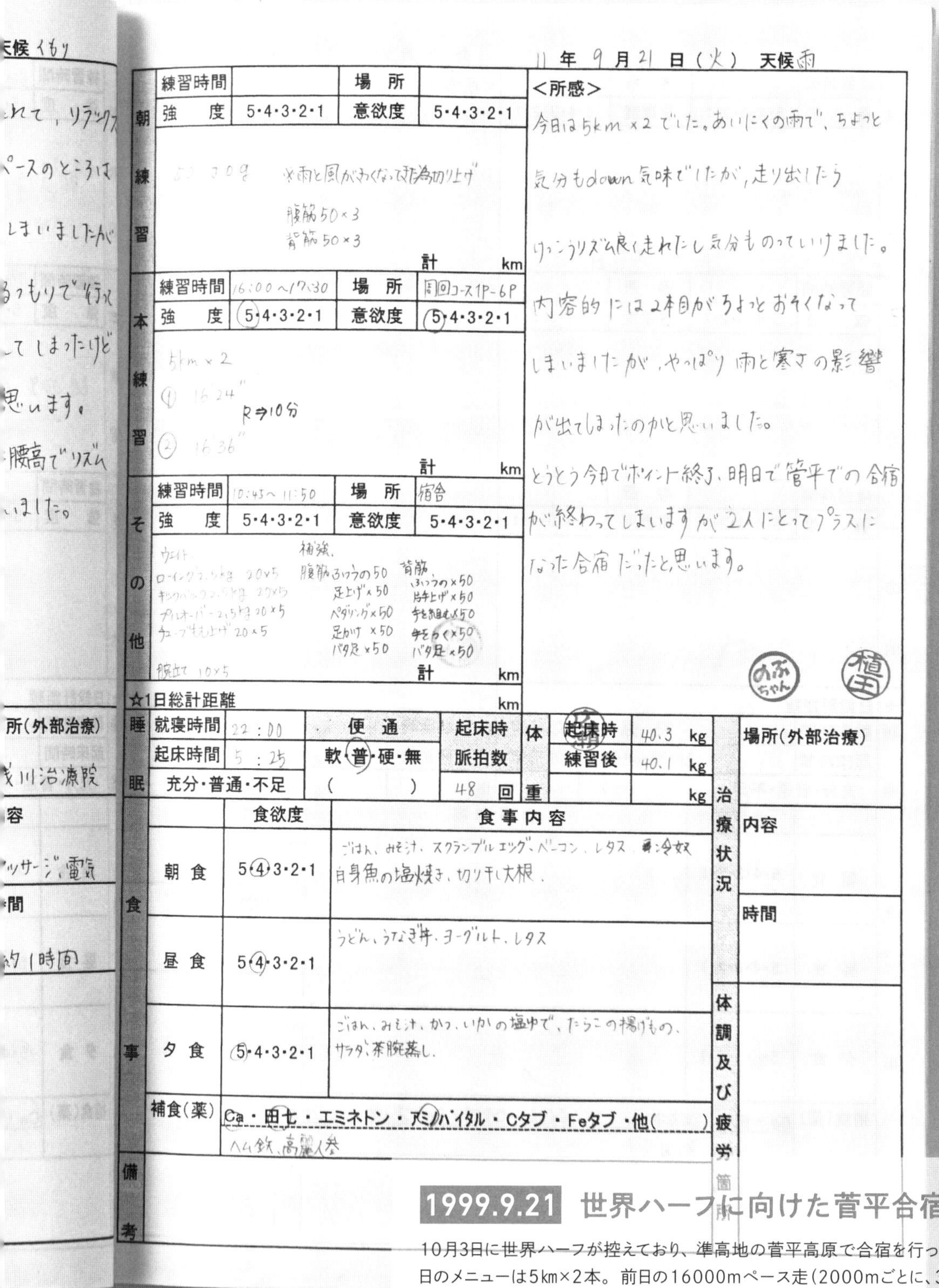

11 年 9 月 21 日 (火) 天候 雨

左ページ欄外:
れて、リラックス

ペースのところは

しまいましたが、

るつもりで行こ

てしまったけど

思います。

腰高でリズム

いました。

		練習時間		場所	
朝練習		強度	5・4・3・2・1	意欲度	5・4・3・2・1

※雨と風がつよくなった為切り上げ

腹筋 50×3
背筋 50×3
計 km

		練習時間	16:00〜17:30	場所	周回コース 1P〜6P
本練習		強度	⑤・4・3・2・1	意欲度	⑤・4・3・2・1

5km × 2
① 16'24"
　　　R⇒10分
② 16'36"
計 km

		練習時間	10:45〜11:50	場所	宿舎
その他		強度	5・4・3・2・1	意欲度	5・4・3・2・1

ウエイト　　　　　補強
ローイング □ 20×5　　　腹筋ふつうの 50
キシム □ 20×5　　　足上げ 50
プルオーバー □ 20×5　　　ペダリング 50
チューブもも上げ 20×5　　　足かけ 50
腕立て 10×5　　　バタ足 50
背筋
ふつう×50
片手上げ×50
手を組む×50
手をらく×50
バタ足×50
計 km

☆1日総計距離　　km

			便通		体			場所(外部治療)
睡眠	就寝時間	22:00	軟・普・硬・無	起床時脈拍数	起床時	40.3 kg	治療状況	
	起床時間	5:25	( )	48 回	練習後	40.1 kg		
	充分・普通・不足				kg			内容

左欄外: 所(外部治療) / 戊川治源院 / 容 / ッサージ、電気 / 間 / 約1時間

		食欲度	食事内容		時間
食事	朝食	5・④・3・2・1	ごはん、みそ汁、スクランブルエッグ、ベーコン、レタス、冷奴 自身魚の塩焼き、ヤクミ干し大根。		
	昼食	5・④・3・2・1	うどん、うなぎ丼、ヨーグルト、レタス		体調及び疲労
	夕食	⑤・4・3・2・1	ごはん、みそ汁、かつ、いかの塩ゆで、たらこの揚げもの、サラダ、茶碗蒸し。		
	補食(薬)	Ca・田七・エミネトン・アミバイタル・Cタブ・Feタブ・他( ) ヘム鉄、高麗人参			

備考

<所感>
今日は 5km×2 でした。あいにくの雨で、ちょっと
気分も down 気味でしたが、走り出したら
リズム良く走れたし気分ものっていけました。
内容的には 2本目がちょっとおそくなって
しまいましたが、やっぱり雨と寒さの影響
が出てしまったのかと思いました。
とうとう今日でポイント終了、明日で菅平での合宿
が終わってしまいますが 2人にとってプラスに
なった合宿だったと思います。

1999.9.21　世界ハーフに向けた菅平合宿

10月3日に世界ハーフが控えており、準高地の菅平高原で合宿を行った。この日のメニューは5km×2本。前日の16000mペース走(2000mごとに、3分50秒→3分40秒→3分30秒→3分50秒/km…と変化走として実施)とのセット練習で、菅平合宿での締めのポイント練習だった。世界大会だからと気負うことはなく、合宿期間中にはこの他にも400m×20本(78秒)や20km野外走(5km18分10秒〜18分50秒)など、負荷の高い練習をこなした。実りの多い合宿になった。

アメリカ・ボールダーで
初めての高地合宿

　この頃は、ハーフマラソンが面白くて、どんどんのめり込んでいった時期でした。そしてハーフマラソンをステップに、2002年3月の名古屋国際女子マラソンで初めてマラソンに挑むことになります。

　実を言うと、当初の予定ではその1年前に初マラソンを走っているはずでした……。

　00年のシドニー五輪では高橋尚子さんが日本の女子陸上選手として初めて金メダルを獲得しています。高橋さんは五輪の約2カ月前の7月に札幌国際ハーフマラソンで優勝しているのですが、実は私も同じレースを走っていました。現役時代の高橋さんとの直接対決はこのレースだけ。私はハーフマラソンを得意としていましたが、高橋さんに大差をつけられて敗れてしまいました。当時は「高橋さんに負けるのは仕方がない」と思いもしましたが、同時に、大差で敗れたことが情けなく、悔しくもありました。

　それでも、シドニーで活躍する高橋さんの姿を見て、その舞台に立つ自分自身を想像することができました。それに、ハーフでは安定して結果を残せるようになっていたことで、そろそろマラソンを走りたいとも考えるようになっていきました。そして、01年3月の名古屋で初マラソンに挑むことを決意したのです。

　ところが、これから本格的なマラソン練習に入ろうという矢先、年末から年始にかけての熊本合宿中に足底を痛めてしまいました。ここで練習ができなかったら、予定が大きく狂ってしまうと思うと、痛みが出てもなかなか言い出せずにいました。ですが、とうとう我慢しきれなくなり、熊本から宮崎へと移動する日の朝に、痛みがあることを藤田信之監督と廣瀬永和コーチに伝えました。不安を抱えた状態で初マラソンに挑むわけにはいかず、01年3月のマラソン挑戦は見送ることになりました。そう決まったときは、足の痛みよりも、心の痛みのほうが大きかったです。

　結局、01年もハーフマラソンに主眼を置くことにして、10月の世界ハーフマラソン選手権を目標にしました。ケガからの回復は順調で、3月の全日本実業団ハーフマラソンで優勝することができ、早々に3度目の世界ハーフ日本代表を決めました。

　10月の世界ハーフの前には、トラック練習の一環として6月の日本選手権に1万mで出場しました。そこで3位に入ることができ、なんとエドモントン（カナダ）の世界陸上代表に選出されたのです。世界大会に出場するチャンスがあるなら逃すつもりはないと常々思っていましたが、トラックで世界陸上に出場できるとは、私にとっても予想していなかったことでした。

　しかし、私の持ちタイムでは、到底トラックでは世界に太刀打ちできません。そこ

で、これまでよりも一段質の高い練習に取り組んで心肺機能などを上げようと、初めての高地合宿を実施することになりました。それまでは標高1300mの菅平高原などの準高地で合宿をしたことはありましたが、カナダで開催される世界陸上に向けて時差調整もできるので、標高1600mのボールダー（コロラド州・アメリカ）で合宿を行いました。ボールダーでの練習では、設定タイムやペースが格段に上がったわけではありませんが、標高があるので、今までの練習と同じペースで行っても、ぐっと高い負荷をかけることができます。さらに、日本との時差もあったので、最初の頃はとてもきつく感じました。

　合宿の初日、2日目は、高地に順応するためにジョグから入りました。初めての土地で道に迷うこともしばしば。余計な距離を走ったこともあれば、トラックに辿り着けなかったこともありました。合宿3日目にもなると、20kmをキロ4分切るくらいのペースで走ってみて「まあまあ走れた」という感触がありました。

　それにもかかわらず、その翌日から本格的な練習に入ると、呼吸はきついし、走るたびに脚が動かなくなっていくような感じがしました。初めての高地合宿の17日間、練習日誌には「体が重かった」とか「きつかった」という言葉が多く並んでいます。

　合宿9日目には、ボールダーからさらに上って、標高約2600mにあるマグノリアロードで、20kmの野外走を実施しました。かつては高橋尚子さんもこの地を走っています。また、世界陸上のマラソンに出場する三井海上（現・三井住友海上）の土佐礼子さん、渋井陽子さんもボールダーで合宿をしており、マグノリアでも何度か走っていたようでした。二人の存在には「負けてはいられない」と、かなり刺激を受けたものです。8日目に実施した1000m×10本（設定3分15秒）もかなりきつい練習でしたが、この日の20kmは前日以上。マグノリアロードは未舗装路のうえに、急激なアップダウンが続きます。標高もさらに高くなった上、コース自体がかなりハードで、これまでに経験したことのないきつさでした。「初めてでこんなに走れたんだ」という伝説をつくってやろうと目論んでいたはずが、距離走であれほど脚が上がらなくなったのは初めて。思うように走れない自分を情けなく思いました。翌日のダメージも大きく、背中や腰、膝などあちらこちらに疲れが出ました。

　ただ、このハードな練習をこなしたことで、自分の中で何かが変わったのを感じました。それに、練習はきつかったのですが、今振り返ると、アメリカの広大な景色の中を走れたことは楽しくて、懐かしい思い出になっています。

　世界陸上の1万mは13位という結果でした。でも、この世界陸上があったから、オリンピックをより強く意識できるようになったと思っています。

13 年 7 月 18 日 （水） 天候 晴れ

		練習時間	6 ： 15	場所	ワンーク
朝練習		強度	5・4・③・2・1	意欲度	5・4・③・2・1
			70'Jog	腕立て 10×3	14.5 km

＜所感＞

今日は1000mを3'15で10本だった。

ペランヤ、400mのインターバルをやって、体の-
がどれくらいか頭にあったから、走る前-
ちょっと抵抗があった。走ってみてやはり400-
過ぎからきつく、本数を重ねる事に足が重く-
なって、かなりきつかった。早く慣れたいと思い-
気持ちしっかりしたい。

		練習時間	16 ： 00	場所	CU. TRACK
本練習		強度	⑤・4・3・2・1	意欲度	⑤・4・3・2・1

1000m × 10 (3'15")
① 3'14"　　⑥ 3'14"
② 3'14"　　⑦ 3'14"
③ 3'14"　　⑧ 3'15"2
④ 3'14"　　⑨ 3'14"
⑤ 3'14"　　⑩ 3'15"
　　　　　　　　　16 km

		練習時間	11 ： 00	場所	
その他		強度	5・4・3・2・1	意欲度	5・4・3・2・1

30'Jog

ウエイト
レッグカール 80P10×3　　ショルダープレス
レッグエクステンション 40P10×3　　60P10×3
チェストプレス 40P10×3
レッグプレス 80P10×3
ラット 40P10×3
ウエルカール 20P10×3
カーフレイズ 80P10×3
　　　　　　　　　4.5 km

☆一日の総計距離　　31 km

睡眠	就寝時間	22 ： 30	便通	起床時脈拍数	体重	起床時	41.3 kg	場所（外部治療）
	起床時間	5 ： 10	軟・普・硬・無			練習後	40.1 kg	
	充分・普通・不足		（　）	48 回		体脂肪率	％	

食事		食欲度	食事内容	治療状況	内容
	朝食	5・4・3・②・1	ごはん、きんぴら、うの花、いわしのオイル漬け（オイルサーディン）ヨーグルト		
	昼食	⑤・4・3・2・1	冷しうどん・サラダ・お寿司、		時間
	夕食	5・④・3・2・1	ビビンバ、いかフライ、ぎょうざ、	体調及び疲労箇所	
	捕食（薬）	Ca・田七・エミネトン・ヘム鉄・AV・Cタブ・Feタブ・プロテイン・他（エミネトン　　）		

備考	

練習時間	6 ： 15	場所	クリーク south
強度	5・4・③・2・1	意欲度	5・4・③・2・1

腕立て 15×3
カーフレイズ 30×3

13 km

練習時間	6 ： 00	場所	マグノリア
強度	5・4・3・2・1	意欲度	⑤・4・3・2・1

7km 3'59"　13km 4'00"
8km 4'15"　14km 4'15"
9km 3'48"　15km 4'04" 61'08"
10km 4'23" 40'06" 16km 5'00"
11km 3'53"　17km 4'19"
12km 4'48"　18km 4'09"
23 km

練習時間	1 ： 00	場所	
強度	5・4・3・2・1	意欲度	5・4・3・2・1

腹筋 50×5　足上げ 50×2
背筋 50×5
ディップス 30×5
チューブで内・外 30×5ずつ
腕立て 20×5
4.5 km

の総計距離　40.5 km

就寝時間	22 ： 00	便通	起床時脈拍数		体重	起床時 40.8 kg	場所（外部治療）
起床時間	5 ： 30	軟・普・硬・無 ( )	48 回			練習後 39.8 kg	ナディア
充分・普通・不足						体脂肪率 ％	

	食欲度	食事内容	治療状況	内容
朝食	5・④・3・2・1	ご飯、みそ汁、焼鮭、のりの佃、苔至、切干し大根、ソーセージ、ヨーグルト。		マッサージ
昼食	5・④・3・2・1	サラダ、チーズ、卵、スパゲティ、豆腐、とうもろこし、じゃがいも	時間	20:45 ～ 21:50
夕食	5・④・3・2・1	ごはん、ステーキ、カレー、サラダ		
食（薬）	Ca・田七・エミネトン・ヘム鉄・AV・Cタブ・Feタブ・プロテイン・他（エミネトン ）		体調及び疲労	

＜所感＞

今日はマグノリアで20kmをした。すごいコースだった。
走った中で、何がきつかったかと言われたら標高の
きつさよりもあのコースのきつさを答えると思う。
距離走であんなに動かないなんて、私にとって
は経験した事のないきつさだった。このタイムは
情けない。走ってて足が上がらず、イライラした。
あのコースを高橋さんや三井海上の2人は何回も
走っているんだからすごいと思う。タイムは分からな
いけど、それなりに走ってるんだとしたら…。すごいと
しか言いようがない。今回走ったのはタイム的に
は上がらなかったが、自分の中の何かがよかった
と思う。そう思えば良かったと思う。

2001.7.19 何かが変わった高地トレーニング

エドモントン（カナダ）世界陸上を前に、時差調整を兼ねてアメリカのボールダーで合宿を行った。標高1600mの高地合宿は初めて。さらに標高の高い約2600mのマグノリアでは20kmの野外走を実施した。前日の1000m×10本も、本数を重ねるごとに足が重くなって苦闘したが、この日のきつさはそれ以上。標高の高さに加え、かなりの起伏の激しさで、翌日は全身に疲労が出るほどだった。それでも、納得のいくタイムではなかったものの、自分の中で何かが変わったのを実感できた。

高地で充実したトレーニング。
世界へと目を向けていく

エドモントン世界陸上が終わると、いよいよ2001年の最大の目標である、10月の世界ハーフマラソン選手権（ブリストル・イギリス）に向けた練習に入っていきます。再び標高1600mのボールダーに行き、高地合宿を行いました。世界陸上前は17日間でしたが、今度は8月25日から9月28日の1カ月超に渡って実施しました。

前回のボールダー合宿から1カ月と間をあけていなかったこともあり、今度は高地に順応する段階から快調に走れました。

合宿4日目には、高地順化の一環で、前回大苦戦した標高2600mのマグノリアロードで距離走（20km＋α）を実施しました。前回は、高所とアップダウンに泣きそうになるほど苦しんだコースです。その上、乾燥した土の路面に滑らないようにと力んでいたからか、足にはマメができました。でも、2回目になるとだいぶ余裕が生まれ、後半ペースを上げることができたほどで、大きな自信になりました。

また、今回の合宿は、翌年のマラソン挑戦も見据えていました。

高橋尚子さんも、この年の1月に当時の初マラソン世界最高をマークした渋井陽子さんも、ボールダーで脚づくりをし、マラソンで結果を残していました。彼女たちの練習と単純に比較はできませんが、渋井さ

んが30kmを何時間何分で走った、などという情報を耳にしては、意識しないわけにはいきませんでした。そして、ハードなコースのマグノリアへは前回よりも頻繁に走りに行きました。また、野外走のコースも新たにいくつか開拓しました。

山の天気は変わりやすいといわれますが、高地では天候が大敵となることもあります。ほんの数日前には暑さを感じた日もあったのに、合宿が中盤に差しかかった9月8日のボールダーは朝から肌寒く、雨が降っていました。この日の午後は、マグノリアで距離走を予定していましたが、マグノリアまで上がるとなんと雪が降っていたのです。基本的に雨でも練習は行うものですが、さすがに雪だと中止になるだろう……と思いきや、当然のように敢行することになりました。このときばかりは心の内で監督が「鬼」のように思えたものです（笑）。路面は土なので、ぬかるんでいて、走っているうちにどんどんシューズが重たくなっていきます。あの嫌な感触は今でも覚えています。走っている間は「いつストップをかけてくれるのか」と考えていました。

でも、走り終えると、さっきまでの邪心は抜け落ちていました。思いのほか気持ち良く走れましたし、後半にはペースアップもできました。また、悪条件で練習をこなせたことで、その後、少々のことでは動じなくなりました。この日の練習は、私にとってメンタル面を強化する意味でも、かな

りプラスになりました。すべては藤田監督の掌の中にあったということでしょうか。ただ、寒い中で走ったからか、翌日は背中や大腿部などがいつも以上に張っていました。その日の練習はフリージョグでしたが、ジョグがきつく感じたほどでした。それほど負荷の高い練習だったということだと思います。

また、この頃から月間走行距離を練習日誌に記すようになりました。9月は952km。マラソンに向けた練習では月間1000kmを超えるので決して多くはありません。でも、それまであまり月間走行距離を意識していなかったので、走行距離を積み上げていくのが面白くなり、「もうちょっと距離を増やしたい」などと思うようになりました。一般ランナーの皆さんも同じように思っているのかもしれませんね。

ボールダーで充実したトレーニングを積むことができ、手応えを得て世界ハーフマラソン選手権の開催地であるイギリスへと向かいました。イギリス入りした翌日の9月30日、ベルリンマラソンで高橋さんが2時間19分46秒の世界最高記録（当時）を樹立しました。このニュースは大きな刺激になり、目標レースを前に「ボールダーでやってきたことを無駄にしてはならない」といっそう身の引き締まる思いがしました。

世界ハーフの出場は3回目となりますが、99年2位、00年4位と来ていたので、「今度こそ優勝を」と意気込んでいました。コンディションが良く、5kmを16分0秒、10kmを31分58秒と快調に飛ばしました。ところが、急なペースアップに対応できず、またしても4位という結果に終わりました。優勝したのは、地元イギリスのポーラ・ラドクリフ選手で、1時間6分47秒の好記録で大会2連覇を果たしました。私は1時間8分23秒の自己ベストでしたが、目標の金メダルにも、1時間7分台にも届きませんでした。それなりに手応えを得ることができたものの、悔しさもあり、複雑な気持ちでした。

01年は、当初の計画からはズレましたが、初めて高地合宿を行うなどし、それまで以上に世界に目を向けられるようになりました。もっと海外で練習をしたいし、もっと海外勢とレースで競り合いたいという気持ちがより強くなりました。その後、どんどん自信を深めて、階段を上っていくわけですが、その一段目となった年だったかもしれません。

〈ボルダー合宿〉　　　　　　　　　　　　13 年 9 月 7 日（金）天候 晴れ

	練習時間	6 : 15	場所	クリーク(上)
朝練習	強度	5・4・③・2・1	意欲度	5・4・③・2・1

70'JOG

腕立て 10×3
腹筋 50×3
背筋 50×3

16 km

	練習時間	11 : 00	場所	Cu. Track
本練習	強度	⑤・4・3・2・1	意欲度	⑤・4・3・2・1

1000m × 10 (3'20") R 200m (95~85")
① 3'17"　⑥
② 3'19"　⑦
③ 3'19"　⑧
④　　　　⑨
⑤　　　　⑩

14.5 km

	練習時間	16 : 45	場所	
その他	強度	5・4・3・2・1	意欲度	5・4・3・2・1

40'JOG

補強
腹筋 50×8 (100もあり)
背筋 50×8
ディップス 20×8
側筋 20×5
倒立 ×3

7 km

☆一日の総計距離　　37.5 km

睡眠	就寝時間	22 : 00	便通		起床時		体重	起床時	40.6 kg	場所(外部治療)	
	起床時間	5 : 25	軟・普・硬・無		脈拍数			練習後	40.0 kg		
	充分・普通・不足		( )		48	回		体脂肪率	%		

<所感>

今日は1000mのインターバルだったが、

風が強くて設定は20秒で前より余裕が

あるはずなのに、いっぱいいっぱいで走った。

まりもそうだが

もうちょっと バに余裕がほしかった。

そうしたら次にまたステップアップ出来たかも

しれないのに。

食事		食欲度	食事内容	治療状況	内容
	朝食	5・④・3・2・1	ごはん、みそ汁、野菜炒め、目玉焼き、とうふかいそうサラダ、パイン・りんご・ヨーグルト。		
	昼食	5・④・3・2・1	サラダ、じゃがいも、スパゲティ、マカロニサラダ、(サラダバー)		時間
	夕食	⑤・4・3・2・1	ステーキ、マッシュポテト (chilis)	体調及び疲労箇所	
	捕食(薬)	Ca・田七・エミネトン・ヘム鉄・AV・Cタブ・Feタブ・プロテイン・他( )			

山の天気は変わりやすい。7日は強風の中、1000mのインターバルを実施。高地順化はうまくいっていたのに、思わぬ苦戦を強いられた。8日は標高約2600mのマグノリアへ。ボルダーは雨だったが、マグノリアまで上がると雪が降り積もっていた。悪天候だったが、練習が中止になることはなく、泥だらけになりながら走ったが、思いのほか体はよく動き、後半はペースアップすることもできた。どんな悪条件でも練習をこなすことは案外大事で、メンタル面の強化にもなっていた。

〈ボルダー合宿〉

'12 年 9 月 8 日 （土） 天候 雨→雪 （マグノリア）

朝練習	練習時間	6：15	場所	
	強度	5・4・3・2・1	意欲度	5・4・3・2・1

朝の気温

50'30"

腹筋 50×3
背筋 50×3
腕立て 50×3

11 km

本練習	練習時間	15：50	場所	マグノリア・コース
	強度	5・④・3・2・1	意欲度	5・4・3・2・1

14マイル（22km）

TOTAL 1゜29'09"

設定 46'23"(11km)
折返 42'35"(11km)
41'15" 前半10km
37'6.." 後半10km

24 km

その他	練習時間	11：00	場所	
	強度	5・4・3・2・1	意欲度	5・4・3・2・1

補強・足上げ腹筋 40×3 ・1分間×3
・背筋 40×3 ・バービージャンプ
・腕立て 15×3 　　　15×3
・100回腹筋 ×3 ・カーフレイズ30×3"
・手のばし背筋 25×3
・外、内側筋 チューブ 25×3

km

☆一日の総計距離 　　　 km

睡眠	就寝時間	22：00	便通	起床時	体重	起床時	40.0 kg
	起床時間	6：30	軟・普・硬・無	脈拍数		練習後	40.4 kg
	充分・普通・不足		（　　）	42　回		体脂肪率	％

食事		食欲度	食事内容
	朝食	5・4・3・2・1	
	昼食	⑤・4・3・2・1	五目ご飯、そうめん、（トマト、ねぎ、きゅうり、卵焼き）
	夕食	⑤・4・3・2・1	サラダ、フェットチーネ、（OLIVE GARDEN）
	捕食（薬）	Ca・田七・エミネトン・ヘム鉄・AV・Cタブ・Feタブ・プロテイン・他（　　　）
備考			

〈所感〉

今日は朝から雨が降っていて午前中も降りっきり

で一時は中止になったが マグノリアでは雪が

降り積もっていた。最初はどうなるかと思ったが

体はわりとよく動いて、寒かったけど走ってて気持ち

が良かった。下がぐちゃぐちゃでなければもっと

タイムがよかったかもしれないけど 今日の練習

は私にとってプラスになる練習だった。

治療状況	内容	
	時間	
体調及び疲労箇所		

〈ボ…

朝練習	練習時間	
	強度	5

70

本練習	練習時間	
	強度	5

65

その他	練習時間	
	強度	5

ウエイト
ベンチプレス 27
スクワット 50
ラットプル 60
レッグエクステン
シングルカール 30
レッグプレス 16

☆一日の総計距離

睡眠	就寝時間	
	起床時間	
	充分・普通	

食事	朝食	5
	昼食	5
	夕食	5
	捕食（薬）	Ca
備考		

マラソン練習に手応えを得て、
2002年に初マラソン初優勝

　2002年になり、いよいよ初マラソンとなる3月の名古屋国際女子マラソンに向けた本格的トレーニングが始まります。1月6日の宮崎女子ロードの3日後に中国の昆明へ渡り、約50日間に及ぶ高地合宿を敢行しました。こんなにも長期間、しかも1人で合宿をするのは初めてでしたが、初マラソンに向けて、不安よりも楽しみのほうが大きかったです。

　藤田信之監督や廣瀬永和コーチは、私には高地トレーニングが適していると判断したようです。真木和先輩（96年アトランタ五輪女子マラソン代表）が高地合宿を行ったときの練習の消化具合と比較したときに、私のほうが良かったとのことでした。私自身は、前回きつく感じただけに、そうは思っていなかったのですが…。

　昆明の標高は1800～1900mでボールダーよりも高いのですが、日本とそれほど時差がないため、合宿序盤の日誌には「呼吸がきつかった」という記述こそあるものの、すんなり合宿に臨めた記憶があります。現在の昆明は開発が進み、自動車も増えて走れるような状況ではないと聞きますが、当時はランニングの環境が整っており、昆明で合宿を行う日本のチームが数多くありました。

　初マラソンの目標タイムは2時間23分11秒。同学年の渋井陽子さんが持っていた、当時の初マラソン世界最高記録を破るのが狙いでした。渋井さんも昆明で合宿しており、その意識はいっそう高まりました。

　昆明では、40km走を50日の間に5回ほど行いました。最初の40km走は合宿7日目。前半は上りで後半は向かい風がきつかったのですが、案外楽に2時間35分45秒で走り切りました。それまでは、夏場や暑い土地で実施していたので、走りやすい気候（気温14℃）のおかげもあったのでしょう。

　2回目（合宿15日目）は、2時間32分22秒と前回より3分も速くなっています。1km4分から入り、少しずつ上げていく設定でしたが、余裕があって物足りない感じがしたので、どんどん上げていきました。その後、3回目（22日目）は2時間29分00秒。4回目（31日目）は暑さと強風の影響もあり、2時間30分21秒。最後（37日目）は2時間28分38秒と、タイムを上げています。

　設定タイムはありましたが、練習日誌で前回の実施タイムを確認して、「今日は5kmを何分で入ろう」などと意識的にペースを上げていました。回数を重ねるごとに記録が上がっていくことも面白く感じていました。

　最後の40km走は、2、3日ダメージが残りましたが、終盤の30～40kmをペースアップすることができ、初マラソンに向けて大きな手応えを得ました。

　マラソントレーニングが始まる前は身構えていたところがあったのですが、「今まで

のトレーニングよりも距離が延びる程度」と思うようにしていました。そしてその通りに、一度経験してしまうと「マラソントレーニングだから」という特別な意識は持たなくなりました。本番のレースを迎えるのが本当に楽しみでした。

そして02年3月10日、名古屋国際女子マラソンで初マラソンに挑みます。

最後の40km走の後は右脚の脛に痛みが出たり、体調を落としたりしましたが、本番1週間前から状態が上向き、3日前の最後の調整（2km×2本、1本目6分33秒、2本目6分31秒）を無難にこなせました。実は2本目は設定よりも少し遅かったのですが、試合前に絶好調のときに限ってレースの結果が良くないことがあったので、「これくらいでちょうどいい」と前向きに考えることができました。

レース当日は、3月にもかかわらず、気温がレース中に20℃まで上がり、思わぬ暑さが大敵となりました。

レースは、前半から先頭を引っ張る展開になりました。渋井さんの初マラソン世界最高記録（当時、2時間23分11秒）を狙ってもっとペースを上げたいと思いながらも、後ろにいる大南博美選手、田中めぐみ選手がいつ仕掛けてくるのかが気になりました。前半は思うような走りができず、中間点は1時間12分42秒。渋井さんの記録に大きく遅れをとりました。その後さらにペースが落ちたので、26km過ぎに思いきってペー

スアップを図り、そこからは一人旅に。初マラソンで初優勝を飾ることができました。記録は2時間25分35秒で目標には届かず、悔しい気持ちが大きかったです。でも、まだ記録を伸ばせるという実感があったので、ひとまずは良しとしました。

レース翌日は、かつてないダメージが待っていました。後にアテネ五輪で金メダルを出したときよりも、ベルリンで日本記録を樹立したときよりも、この初マラソンでのダメージが最も大きかったように思います。今振り返ると、良い成果を残したときはレース後の精神状態も良いので、あまり身体的にダメージを感じなかっただけなのかもしれません。一方で、初マラソンの名古屋は目標タイムに届かず、精神面にもダメージがあったのでしょう。それに、レース終盤、競技場までの一直線の道で強い向かい風を受けて走っていたので力みもありました。それがダメージの大きさにつながっていたのだと思います。

2カ月後には世界ハーフマラソン選手権が迫っており、すぐに気持ちを切り替えようと思っていましたが、10日間以上ジョグしかできませんでした。実を言うと、私はジョグがあまり好きではありません。ポイント練習は設定タイムなどの目標があるからいいのですが、ジョグは何を考えて走ればいいのか分からないからです。早くポイント練習を再開したいという、もどかしさでいっぱいでした。

（昆明合宿）7

	練習時間	6：30	場所	6kmコース
朝練習	強度	5・4・③・2・1	意欲度	5・4・③・2・1
		65'00g		

15km

	練習時間	14：00	場所	馬コース
本練習	強度	5・4・3・2・1	意欲度	5・4・3・2・1

本練習：
40km 距離走　15km折り返し→スタート→5km折り返し
5km 19'42"　　　25km 1°28'13"　19'11"
10km 39'25" 39'43"　30km 1°57'23"　19'10"
15km 59'05" 19'40"　35km 2°16'38"　19'16"
20km 1°19'02" 19'57"　40km 2°35'45"　19'07"

43km

	練習時間	10：30	場所	
その他	強度	5・4・3・2・1	意欲度	5・4・3・2・1

補強　5種目×3 ⑤
足バタ 100回
手バタ（前後）100回
胸反り 20回　}×3
腰旋（左回）50回
股関節 20ずつ
km

☆一日の総計距離　58 km

<所感>

今日、初めて昆明に来てから40kmを走った。
最初スタートしてずっと上ってて、ちょっときつかったし、折り返してから下りだったがすごい向かい風できつかった。でもそれ以外は気にならなかったし、後半の方が楽に走れた。
こんな楽な40km初めてかも…と思うくらいだった。きっと今までの40kmは頑や奄美など暑い状況の中で走ってたからで、今日の昆明は涼しかったから走ってる時のダメージがなかったんだと思う。でも広瀬さんの言葉にもあったように、ダメージはきっとあるから、しっかりほぐしたい。
今回は風が強く涼しかったこともあるが、どんな条件でも、平常心で走れる気持ちに。余裕を持って取り組もう。
（広 練習）

睡眠	就寝時間	22：00	便通		起床時脈拍数		体重	起床時	40.4kg	場所(外部治療)	
	起床時間	5：30	軟・普・硬・無					練習後	39.4kg	龍さん	
	充分・普通・不足		（　　）	52 回			体脂肪率		%		

	食欲度	食事内容	治療状況	
朝食	5・4・③・2・1	おかゆ、麺、ほうれん草の炒めもの、豚のじんぞうカップケーキ、ヨーグルト	内容 マッサージ	
昼食	⑤・4・3・2・1	ご飯、スクランブルエッグ、お好み焼きみたいなもの、豚肉のレバー炒め、野菜スープ、チンゲン菜、ほうれん草の炒めもの、みかん	時間 20：00〜20：45	
夕食	5・4・③・2・1	ご飯、白菜スープ、豚肉の炒めもの、鮭の刺身、ぶどう	体調及び疲労箇所 右の大腿後部のしこりが固くなっている。(龍さん) 背中、腰、右脚のむくみ すねもきている。	
捕食(薬)	Ca・田七・エミネトン・ヘム鉄・AV・Cタブ・Feタブ・プロテイン・他（Jog×1t　　）キョーレオピン			

備考

14年 2月14日 (木) 天候 晴れ

	練習時間	6：25	場所	6kmコース
朝練習	強度	5・4・③・2・1	意欲度	5・4・③・2・1
	61' JOG			

	練習時間	15：30.5	場所	馬コース
本練習	強度	5・4・③・2・1	意欲度	⑤・4・3・2・1

40km. TOTAL 2°28'38"

5km	17'03"	25km	18'42	1°33'24"
	18'57"	38'00"	30km	19'00	1°52'24"
	56'21" ↔ 18'21"	35km	18'22	2°10'46
	18'21"	1°14'42"	40km	17'50	2°28'38

42.5 km

	練習時間	10：50	場所	トレーニングルーム
その他	強度	5・4・③・2・1	意欲度	5・4・③・2・1

＜ウェイト＞
レッグカール 15kg 10×3　　ダンベルフライ
ベンチプレス 27.5kg 10×3　　4kg 10×3
レッグエクステンション 40kg 10×3
バックプレス 60P 10×3
スクワット真木先ばい 10×3
フロントプレス 40P 10×3
レッグプレス 40P 10×3

歩 15分程.

☆一日の総計距離　57.5 km

睡眠	就寝時間	22：30	便通		起床時 脈拍数		体重	起床時	41.0 kg	場所(外部治療)	
	起床時間	5：15	軟・普・硬・無 ( )		48 回			練習後	38.8 kg		
	充分・普通・不足							体脂肪率	%	龍さん	

食事		食欲度 35.99℃	食事内容	治療状況	内容
	朝食	5・④・3・2・1	米うどん、おかゆ、ソーセージ、もやしの炒めもの、チンゲン菜の炒めもの、まんじゅう(小)、ちらし寿司		マッサージ
	昼食	5・4・3・2・1			時間
	夕食	5・4・3・2・1			20：15 ～ 21：00
	捕食(薬)	ⓒa・田七・エミネトン・ヘム鉄・AV・Cタブ・Feタブ・プロテイン・他 ( )　JOGメイト、OS ONE、キョーレオピン			

備考	

＜所感＞

今日は最後の40kmだった。気持ちが焦ったりしてた訳ではなかったのに、自然とペースが上がり気味になって前半10km～20kmの走りが、後半の20～25kmのよりのきつい所に出て、どんなペースで走ってるのかさえ分からなくなっていた。給水の摂り方、水のかけ方等ここで勉強出来良かった。30kmから40kmにかけての10kmカバー出来て良かった。他の人はもっと速いかもしれない。渋井に近づくと思ったらこれくらいでないとと考えながら走ったら体にはけっこうダメージ残ってたけどいけた！調整までの練習上手くまとめるぞ!!

| 監督 |
| 02.2.2 |
| 藤田 |
| (真) |

2002.1.15/2.14　高地で5回の40km走

初マラソンを前に、標高1800～1900mの中国・昆明で50日間に渡る合宿を敢行。その間に40km走を5回行った。初めての40km走は合宿7日目(1/15)に実施。走りやすい気候も手伝って、思いのほか楽にこなすことができた。そこからは回数を重ねるごとに、意識的にペースを上げていった。合宿37日目(2/14)は、序盤から自然にペースが上がり、ラスト5kmを17分台でカバーして、2時間28分38秒と上々のタイムだった。疲労も大きかったが、手応えも大きかった。

マラソンでパリ世界陸上へ

練習の質量ともにレベルアップ。2度目のマラソンで結果を出す

初マラソンを走ってみて、やはりマラソン練習は距離を走らないといけないんだなと、あらためて思いました。もちろんレベルアップするには質を追うことも必要ですが、これまで以上に距離を走ろうという意識をもつようになっていました。この時期からの月間走行距離はコンスタントに1000kmを超えるようになっています。

例えば、合宿期間であれば、朝練習は14〜16km、本練習はだいたい20〜25km走ります。それだけではなく、走れるときに走ろうと思っていたので、ウエイトトレーニングなどの補強前にも30〜40分ほど走っていました。隙間時間に走る距離が5km程度だったとしても、合宿期間が20日間あれば合計で100kmにもなりますから、走行距離はかなり増えることになります。

また、単にジョグで距離を稼ぐのではなく、目的に応じて「ジョグ」と「フリージョグ」とを使い分けていました。

負荷の高いポイント練習の翌日に行うのが「フリージョグ」で、前日の疲労を抜くような意識で走っていました。しっかり疲労を抜かないと故障の恐れがあります。ジョグひとつとっても、メリハリを付けることは大事だと思います。

「ジョグ」は、次のポイント練習に備えるために、リズム良く走ることを心がけていました。私の場合、ジョグのペースはキロ4分前後でした。かなり速いペースと思われるかもしれませんが、あらかじめペースを決めているわけではなく、感覚的に自分の気持ちの良いペースで走るようにしていました。それでキロ4分前後のことが多かったのです。

この頃は、陸連や実業団連盟の合同合宿に行くと、自分よりも力がある選手が何人もいました。とはいえ、決して雲の上の存在ではなく、頑張れば届きそうなところにいると思っていたので、「自分の気持ち次第で彼女たちに追いつける」という意識で練習に取り組むことができました。練習の中で競い合えるライバルがいたのは良かったと思います。夏は特にレースが少ないのですが、試合で得られない刺激を合同合宿に参加している他チームの強い選手からもらっていました。

＊

マラソン2レース目は、2003年1月の大阪国際女子マラソンに決めました。パリ世界選手権の代表選考がかかったレースで、文句なく代表に選ばれるために「国内最高記録を狙う」と目標を定めてトレーニングに取り組みました。

本格的なマラソン練習に入る前には、秋にチームで挑む駅伝もあったので、質の高い練習にも取り組みました。例えば、400mのインターバルであれば、マラソン練習のときよりもレストが短く、「えっ、もう行く

の？」と感じたものでした。

　また、川内優輝選手のように何回もマラソンを走れないので、初マラソンのあとは、02年5月の世界ハーフ（9位）、8月の網走ハーフ（大会新記録で優勝）、9月のグレートスコティッシュハーフ（ジョイス・チェプチュンバ選手に敗れ2位）、11月の名古屋シティハーフ（優勝）と、ハーフマラソンを転戦しました。

　トラックレースにも積極的に出ていました。マラソンで記録を伸ばすためには、5000mや1万mなどを走ってスピードを培うことも必要だと考えていたからです。あくまでもマラソンで結果を出すことに重きを置いており、トラック用の練習をして臨んだわけではありません。それでも1万mでは自己記録を更新し、5000mもコンスタントに15分台で走るなど、トラックでも好成績が続きました。

　2回目のマラソンに向けて練習の質が上がったので、トラックに主軸を置いていた頃と変わらないペースで走ることができたのでしょう。その上、練習量も増えたので、レース後半もペースを維持できるようになりました。

＊

　11月の名古屋シティハーフが終わると、大阪国際女子マラソンに向けた強化合宿が始まりました。場所は、初マラソンのときと同じ昆明です。昆明は標高が1900mもありますが、気持ちが良くて、私には走りやすく感じられる土地でした。

　初マラソンよりも目標タイムを高く設定したので、当然練習の強度も上がります。例えば40km走であれば、前の年よりも設定タイムが5〜6分も上がっていたと思います。私自身も以前のタイムを意識して、「去年のタイムを絶対に上回ってやる」という意気込みで走っており、余裕があるときにはグイグイとペースを上げていました。

　この合宿では40km走を4回、さらに、初めての40km超となる45km走にも取り組んでいます。回数を重ねるごとに、距離に対する不安が解消されていくのを実感していました。

　監督とコーチは全体の練習スケジュールを予め立てていましたが、私が提示されるのはだいたい2、3日前でした。私のほうから「明日はどんな感じですか？」と聞くこともありましたが、「今日の練習の結果次第だから」という返答が多かったです。練習の流れにはパターンがあるので、どんな練習を課されるのか予想できましたが、練習をどれだけこなせたか、練習の消化具合によって、微妙に練習内容や設定を変えてくれていたようです。

　私は完璧主義というわけではありません。でも、予め決められている練習があれば、パーフェクトにこなしたかったので、手抜きすることなく、100％の力を注ぎ込んでいました。そんな私の性格を、藤田監督もコーチの廣瀬さんも十分に理解してくれて

いたのでしょう。だから、練習のでき具合を冷静に評価して、翌日の練習内容を調整してくれていたのだと思います。

実は、この昆明合宿中に一度、40km走を途中で止めたことがありました。ただ、その理由は「序盤をハイペースで突っ込んだから」と明確でした。ですから、次の40km走ではその点を修正し、前半はゆとりを持つように意識しました。「課題が分かっていれば、次からはその解決を目指していけばいい」、そう思っていたので、うまく走れなかった当日だけは落ち込みましたが、次の練習に向けてすぐに気持ちを切り替えることができました。

最終的には、初マラソンのときよりもハイレベルで、消化内容の良い合宿になりました。レースの10日前に帰国し、自信をもって2度目のマラソンとなった2003年1月の大阪国際女子マラソンに臨むことができました。

その大阪国際は、序盤からハイペースになり、有力選手が一人、また一人と落ちていくサバイバルレースになりました。前半は、中学時代は雲の上の存在に感じていた同学年の山中美和子選手（ダイハツ）が引っ張り、30kmを過ぎてからは初マラソンの坂本直子選手（天満屋）が仕掛けてきました。勝負所までに焦る気持ちもありましたが、藤田監督からは何度も「我慢しろ、まだ我慢しろ」という指示があり、その度に落ち着きを取り戻して、レースを進めることができました。

そして、レースが終盤に差しかかった38km。残っていた力を存分に振り絞り、坂本選手を引き離すと、大会新記録となる2時間21分18秒（国内最高、当時日本歴代2位）で優勝することができました。目標としていたパリ世界陸上日本代表の即内定も勝ち取ることができました。

世界陸上に向けて再スタート！　といきたいところでしたが、3月9日の全日本実業団ハーフマラソン選手権（大会新で優勝）が終わってから、しばらく走れない日々が続きました。実は、練習日誌には記していませんでしたが、実業団ハーフの前から右脚が気になっていました。試合前、試合中はアドレナリンが湧いているので、多少痛みがあっても意外に走れてしまうものですが、そのぶん、ダメージは大きく、レース翌日はジョグができなかったほどでした。骨には異常はなかったのですが、骨膜炎と診断されました。順調そうに見えてマラソンの疲労が一気に出たのでしょう。

本格的な練習に復帰したのは4月に入ってから。ケガをしている間は、ウォークやバイクから始動し、少しずつウォークにジョグを交えていきました。1日1日、自分の体と対話しながら、自分で練習メニューを考えていました。自分の体を一番よく分かっているのは自分自身ですから。無理をして走ると、さらに悪化させたり、走りのバランスを崩したりすることもあります。練

				TOTAL	低酸素室	安静脈拍数		体重	起床時	kg	Hb	
睡眠	就寝時間	22 : 30		7		（起床時）			練習後	kg		g/d
	起床時間	5 : 30		h		52 拍/分			体脂肪率	%	生理	日目
	充分・普通・不足							便通	特記事項			
治療	場所 （治療院名・トレーナー名等）		内容（時間） マッサージ・鍼・灸 [: ～] 電気・整体 超音波（ ）・サモア（ ）・低周波（ ）					軟・普・硬・無 （ ） （レース前なと）				

所感（トレーニング・体調・その他）

	練習開始時間	6 : 30	場所	ホテル辺り
朝練習	練習終了時間	7 : 05	意欲	5・4・3・②・1
	内容： JOG 30' Free			
	走行距離 4.5 km			

	練習開始時間	11 : 10	場所	長居スタ…
本練習	練習終了時間	:	意欲	5・4・3・2・1
	内容・結果： 大阪国際女子マラソン 42.195km 2°21'18"…1位　大会新 日本歴代2位 おめでとうございます 走行距離 46.5 km			

	練習開始時間	:	場所	
その他	練習終了時間	:	意欲	5・4・3・2・1
	内容：ウェイト（ %）／補強（ ）			
	走行距離 km			

所感本文：
今回が2度目となるマラソンだったが、
面白いレースだったと自分で思う。
38kmまではヒヤヒヤしたが、38km
に余力を思う存分発揮出来て良かった
と思った。途中何度も監督が
「ガマンしろ　まだガマンしろ」と声を
かけてくれて「ああ、まだダメだな」と
落ち着けた。ゴールした瞬間は
監督、広瀬さん、スタッフ、ナムク
皆と一つになれた気がした。
本当にありがとうございました。
まだまだこれから目標とするレース
はあります。指導の程よろしくお願い

受領 '03.1.28 藤田
広瀬

☆一日の総走行距離 51 km

	朝食	昼食	夕食				
食事	寮食 ごはん×2 卵焼き 焼魚 小鉢 パン カステラ×2 バナナ	寮食	寮食 お寿司	薬・サプリメント	ヘマニック	錠/回 朝・昼・夕	
					ヘム鉄	錠/回 朝・昼・夕	
					フェロミア錠	錠/回 朝・昼・夕	
					シナール錠	錠/回 朝・昼・夕	
					パンビタン	錠/回 朝・昼・夕	
					キヨレオピン	C/回 朝・昼・夕	
						錠/回 朝・昼・夕	
						錠/回 朝・昼・夕	
					アミノバイタル・プロテイン・ジョグメイト		
					カルファ・田七・Feタフ・Cタブ・アイアン		

2003.1.26　2度目のマラソンで日本代表へ

2度目のマラソンに挑むにあたって、初マラソンのときよりも練習の質量ともにアップ。中国・昆明でのマラソン合宿では、40km走の設定タイムは初マラソンのときよりも5～6分も速くなっていた。合宿の消化具合も良く、自信を持ってパリ世界陸上の代表選考会でもあった大阪国際女子マラソンに臨むことができた。目標に掲げたのは国内最高記録。たびたび苦しい場面もあったが、38kmで勝負を仕掛けて優勝を勝ち取り、目標を成し遂げ、マラソンで世界大会の切符を掴んだ。

習を本格的に再開するときも、監督や医師と相談しながらでしたが、最終的には自分自身で判断していました。

転換点、そしてベースとなったパリ世界陸上前のサンモリッツ合宿

2003年8月に開催されるパリ世界陸上は、私にとって3度目のマラソンとなります。その舞台に向けて、6月11日からスイスのサンモリッツでマラソン合宿に入りました。

その直前（6月6日）には日本選手権で1万mに出場し4位に。トラックで好成績を上げることができ、マラソン練習に入る前に弾みとなりました。サンモリッツには、この後にも、何度も行くことになりますが、この地で合宿をするのはこのときが初めてでした。この合宿がその後のベースになり、練習の消化具合を測る目安にもなりました。そういう意味でも、私の競技人生においてかなり重要な合宿になりました。

空気がきれいで、走れる場所がたくさんありました。ヨーロッパの人はハイキング好きが多いので、山の中にもジョグができる道が多く、コース案内の看板がそこら中にありました。私は道を覚えるのが得意なので、新しいジョグコースを見つけるのも楽しかったです。

ただ、昆明よりも高度は低いはずなのに、長時間の移動もあったからか、着いて1週

間ほどは練習がきつく感じられました。そのため、これまでと同じようなマラソン練習に入るまでには、少しずつ負荷を上げて慣らしていく必要がありました。

合宿8日目には150分のロングジョグを行っています。脚をとにかく長時間動かすことが目的ですが、ジョグで2時間を超えるのは初めての体験でした。6日前にも120分ジョグを行っていましたが、ジョグは2時間が限界と思っていたので、30分間延びただけなのにだいぶストレスを覚えました。

その日の練習日誌には「時間に対しても抵抗感なく走れる気持ちを持ち、体も時間に慣れるように!!」と、廣瀬コーチがコメントを記してくれています。実際、その後のロングジョグでは、少しずつ時間への抵抗が小さくなっていくのを感じました。まさに「耐える」練習。メンタルを鍛える目的としても、ジョグでレースと同等の時間を走れるようになることは大事だと思いました。

標高2520mの山への登山もしました。40km走の翌日で疲れが残っている中でしたが、割と速いペースで、往復3時間ほどで歩いて山に登っています。足首など、走っているときとは違った筋肉を使うことができて、良いトレーニングとなりました。下りが特にきつくて、翌日はしっかり筋肉痛になっていました。

合宿中の練習メニューの組み立て方には、ある程度パターンがありました。同じ練習を2回、3回と繰り返すことになりますが、

毎回設定通りにできるわけではなく、当然できないこともあります。そのようなときには、なぜできなかったのかを振り返り、日誌に書き留めることで、不安要素をあぶり出すようにしていました。また、1回目よりも2回目、2回目よりも3回目と、回数を重ねるごとに質を上げていくことも意識していました。

この合宿では大きな変化がありました。これまでは廣瀬さんがランニングコーチとしてポイント練習を走って引っ張ってくれていたのですが、負荷の高い練習でも一人で行うようになったのです。

きっかけは、以前、昆明合宿で、三井住友海上の土佐礼子さんと渋井陽子さんが、同じチームで同じ練習メニューであるにもかかわらず、別々に実施しているのを目撃したことでした。強いチームメイトがいるにもかかわらず、あえて二人で一緒に練習を行わないのが、私には衝撃的でした。それで、私も「もう一段上に行くには、誰かに背中を押してもらうのではなく、自分で上がっていかなければ」と思ったのです。それまでにハーフマラソンや1万mでは世界大会の経験がありましたが、今度は花形種目のマラソンで世界に挑むことになるのです。「こんなに自分が成長できる良いタイミングはない、強くなるぞ」という意気込みが、私に決断をさせました。

もともと距離走やペース走など長い距離を走る練習は一人でもできていました。で

も、ロングインターバルなどの速いペースで走る練習を一人で行うのは、きついし、簡単ではありませんでした。おまけに、高地のため風が吹き荒れることも多く、そんなときは「（ポイント練習を）一人でやりますって言うんじゃなかった」と後悔している自分もいました。ともあれ、この合宿は、脱皮をしなければいけないと意識して臨んだので、少し大人になることができた転換点だったと思います。

世界陸上直前の不調も
コース下見で気持ちをリセット

世界陸上の1カ月半前にはパリに1週間ほど滞在し、何回かに分けてコース試走を行いました。事前に石畳のタフなコースと聞いていたので、自分の目で、自分の足で、実際のコースを確認しておきたかったのです。実際に見てみると、33kmの上りと40kmの石畳は、レース終盤の脚に相当なダメージを与えそうだと思いました。

また、この年のヨーロッパは猛暑に見舞われており、暑さが気になっていました。高地のサンモリッツから平地のパリに下りてくると、朝晩は多少涼しくても、日中は相当暑く感じました。結論を言うと、8月31日のレース当日は曇りで、拍子抜けするほど、暑くはありませんでした。

時間を少し巻き戻しますが、実は、パリに来る前に思いもよらない絶不調に陥って

睡眠	就寝時間	22 : 20	TOTAL	低酸素室	安静脈拍数（起床時）		体重	起床時	40,6	kg	Hb		
	起床時間	5 : 15	7 h			48 拍/分		練習後	39,5	kg		g/dl	
	充分・⦿普通・不足							体脂肪率		%	生理		日目

治療	場所（治療院名・トレーナー名等）	内容（時間） マッサージ・鍼・灸 電気・整体 〔 : ～ 〕 超音波（ ）・サモア（ ）・低周波（ ）|	便通 軟・⦿・硬・無 （ ）	特記事項

朝練習	練習開始時間	6 : 00	場所	山コース	
	練習終了時間	7 : 20	意欲	5・④・3・2・1	
	内容: JOG 70'				
				走行距離 15 km	

所感（トレーニング・体調・その他）

2km×5のインターバル、こっちに来て1km以上は初めてだったが、ウオーミングアップが足りず（特にフロート）ちょっと動きが良くなかった。1km過ぎてからは足が上がりにくく、折り返してからは向かい風だし余計きつかった。終わってからの広瀬さんのコメントはまさにその通りで、特にアップは、ポイントの内容に応じて考えて行わなければ!! そしてメリハリ、集中力もしっかり!!

本練習	練習開始時間	15 : 50	場所	5km 飛行場コース	
	練習終了時間	17 : 55	意欲	⑤・4・3・2・1	

内容・結果:

2km×5 (6'40") R3'20"～

			1km.
①	6'38"5	(3'22")	3'17"
②	6'35"0	(3'22")	3'16"
③	6'36"0	(3'23")	3'15"
④	6'34"7	(3'24")	3'15"
⑤	6'34"5	(3'24")	3'15"

走行距離 17 km

その他	練習開始時間	10 : 20	場所	トレーニングルーム	
	練習終了時間	11 : 50	意欲	5・④・3・2・1	
	内容: ウェイト（ %）／補強（ A ）				
	walk 30'				
				走行距離 km	

広瀬　⑦　本田

☆一日の総走行距離 32 km

	朝食	昼食	夕食				
食事	寮食 ・パン ・ハム・ベーコン ・スクランブルエッグ ・ヨーグルト ・オレンジジュース ・ココア	寮食 ・ごはん ・白身魚のソテー ・豚肉の揚げ物 ・肉ハム ・サラダ・トマト ・いんげん ・温野菜	寮食（ピザ） ・ペペロンチーノスパゲティ ・サラダ（大豆など） ・デザート ・パン	ヘマニック		錠/回 朝・昼・夕	
				ヘム鉄		錠/回 朝・昼・夕	
				フェロミア錠	1	錠/回 ⑳・昼・⑤	
				シナール錠	1	錠/回 朝・昼・⑤	
				バンビタン		錠/回 朝・昼・夕	
				キョレオピン		C/回 朝・昼・夕	
						錠/回 朝・昼・夕	
	食欲 5・④・3・2・1	食欲 5・④・3・2・1	食欲 ⑤・4・3・2・1	アミノバイタル・プロテイン・ジョグメイト （カルファ）・田七・Feタブ・Cタブ・アイアン SAQ10、コルデビア			

（17）

睡眠	就寝時間	23 : 10	TOTAL	低酸素室	安静脈拍数		体重	起床時	40.4	kg	Hb
	起床時間	5 : 15	6 h		（起床時）			練習後	38.7	kg	
	充分・普通・不足				48 拍／分			体脂肪率	％		生理

治療	場所	内容（時間）	便通	特記事項
	（治療院名・トレーナー名等）	マッサージ・鍼・灸 電気・整体 ［ ～ ］	軟・普・硬・無 （　）	
		超音波（　）・サモア（　）・低周波（　）		

朝練習

練習開始時間	6 : 00	場所	山コース
練習終了時間	7 : 20	意欲	5・④・3・2・1

内容：

Jog 70'

腹筋 50×2
背筋 50×2
腕立て 15×2

走行距離 15 km

本練習

練習開始時間	15 : 20	場所	5kmコース
練習終了時間	18 : 35	意欲	⑤・4・3・2・1

内容・結果：

40km.

5km	18'56"		40km 2°31'48" (18'50")
10km	38'03" (19'07")
15km	57'01" (18'58")
20km	1°15'52" (18'51")
25km	1°34'50" (18'58")
30km	1°53'52" (19'08")
35km	2°12'58" (19'00")

走行距離 45.5 km

その他

練習開始時間	10 : 20	場所	トレーニングルーム
練習終了時間	11 : 40	意欲	5・④・3・2・1

内容： ウェイト（　％） ／ 補強（ B ）

walk
Jog 15'

走行距離 km

☆一日の総走行距離 60.5 km

所感（トレーニング・体調・その他）

今日は 40km だった。ほぼ イーブンで走れたと思うが、30km、35km はやはり、気持ちの弱さ（終了後、広瀬さんに言われた事含めて 距離と持久面）が出てしまった。このままではダメだ。練習を取り組むのも・練習内容もよく理解してやらないといけないし自分が 以前の自分を変えないといけないと思った。（メンタル面でも）マラソンは 30〜35km 以降が勝負なんだ という事も、もう一度 しっかり頭に！

前半でどれだけの距離を走れるか？土台も含めたタイム面での重要性

印（広瀬） 印 印（本田）

	朝食	昼食	夕食		薬・サプリメント		
食事	寮食	寮食	寮食		ヘマニック	錠/回 朝・昼・夕
					ヘム鉄	錠/回 朝・昼・夕
					フェロミア錠 1	錠/回 朝・昼・夕
					シナール錠 1	錠/回 朝・昼・夕
					パンビタン	錠/回 朝・昼・夕
					キヨレオピン 1	C/回 朝・昼・夕
						錠/回 朝・昼・夕
						錠/回 朝・昼・夕

アミノバイタル・プロテイン・ジョグメイト
カルファ・田七・Feタブ・Cタブ・アイアン
フルデノン

2003.6.26-27 初めてのサンモリッツ合宿

パリ世界陸上前にはスイス・サンモリッツでマラソントレーニングを行った。この後にも同地にはたびたび訪れることになるので、この合宿が、その後も含めて競技人生における指針となったと言っても過言ではない。6/26の2kmインターバル、6/27の40km走と、タイムだけを見れば十分な内容にも思えるが、動きが良くなかったり、練習の目的に合致していなかったりと、反省点が残った。トレーニングの充実度は数字だけでは測れないので、所感を書き留めておくことも大切だった。

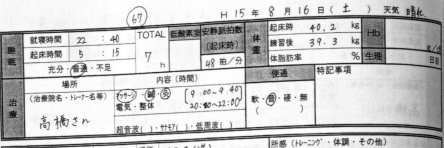

		67		H 15 年 8 月 16 日（土　）天気 晴れ

睡眠	就寝時間	22：40	TOTAL	低酸素室	安静脈拍数（起床時）	体重	起床時	40.2 kg	Hb
	起床時間	5：15	7 h		48 拍／分		練習後	39.3 kg	
	充分・普通・不足						体脂肪率　　　％		生理

治療	場所（治療院名・トレーナー名等）	内容（時間）マッサージ・鍼・灸 電気・整体 超音波（ ）・サモア（ ）・低周波（ ）	［9：00～9：40 20：40～22：00］	便通 軟・普・硬・無（　　）	特記事項
	高橋さん				

朝練習

練習開始時間	6：15	場所	山コース（逆）
練習終了時間	7：30	意欲	5・4・③・2・1

内容：　　　　　　　　　　　ディップス 15×2

　　Jog 70'

走行距離　15.5 km

本練習

練習開始時間	15：50	場所	5.3k 飛行場コース
練習終了時間	18：20	意欲	⑤・4・3・2・1

内容・結果：

　20km走　（P→1'10'00"）

　5km 16'58"
　10km 34'14" (17'16")
　15km 51'
　20km 1'09'13" (17'27")

走行距離　26.5 km

練習開始時間	10：15	場所	トレーニングルーム
練習終了時間	11：40	意欲	⑤・4・3・2・1

内容：　ウェイト（　　％）／補強（　B　）

　walk 40'

走行距離　　　km

所感（トレーニング・体調・その他）

今日は20km、試合を想定しての
20kmだったから、ちょっと力が入って
入りは、ちょっと速かった。でも、その後の
落ち込みを意識的にセーブ出来て良かった。
予定の17'30は絶対キープしないと、と
考えながら走った。少しずつ気持ちが高まって
いるからか、練習後自信が持てるよう
な感じだった。

現状ではまあまあの状態であると思う。
あとの2週間で体調・気持ち等
ベストの状態に仕上げ、レースに臨もう!!

☆一日の総走行距離　42　km

	朝食	昼食	夕食		薬・サプリメント				
食事	寮食 ・パン ・ハム ・ベーコン ・オレンジ ・ヨーグルト ・オレンジジュース ・ココア	寮食 ・ごはん ・豚肉のチーズはさみ ・じゃがいもとほうれん草 の炒めもの ・サラダ ・ハム巻き ・バナナ ・フルーツポンチ	寮食 ・おかゆご飯 ・スパゲティ ・豚肉のチーズはさみ ・かいわれ ・きゅうりの煮たの ・フルーツポンチ		ヘマニック	錠／回　朝・昼・夕			
					ヘム鉄	錠／回　朝・昼・夕			
					フェロミア錠	1	錠／回	朝・昼・⑤	
					シナール錠	1	錠／回	朝・昼・⑤	
					パンビタン	錠／回　朝・昼・夕			
					キョレオピン	1	C/回	朝・昼・夕	
						錠／回　朝・昼・夕			
						錠／回　朝・昼・夕			
					アミノバイタル・プロテイン・ジョグメイト				
					カルファ・田七・Feタブ・Cタブ・アイアン				
	食欲 5・④・3・2・1	食欲 ⑤・4・3・2・1	食欲 ⑤・4・3・2・1		コルディア、SAQ10				

2003.8.16　世界陸上を想定したレースペース走

サンモリッツでは合宿58日目(8/7)に最後の40km走を行い、上々の手応えを得ることができた。そして、パリ世界陸上が15日後に迫った8/16には、レースペースを想定して20km走を行った。入りの5kmを16分58秒とやや突っ込んでしまったが、その後はうまくペースをコントロールし、5kmごとのタイムはなんとか17分30秒以内を維持することができた。高強度の練習だったので翌日には左の大腿部に張りが出たが、本番に向けて自信を深めた。

いました。移動日の前日に、2週間ぶりに40km走を行ったのですが、大幅なペースダウンはなかったものの、30〜35kmの5kmが他の区間に比べて10秒以上も遅かったのです。風が強かったのも原因の1つでしたが、呼吸がおかしくなり、胸からおなかにかけて痛みがありました。精神的な弱さが出てしまったのだと思います。そんな状況でパリのコース下見に行けたのは、気持ちを切り替えるのにプラスに作用しました。もともと気持ちの切り替えは早いほうだと思いますが、空港まで移動する際に電車の窓から見えたスイスの山々の景色、移動時に聞いていた音楽、そして、サンモリッツとはまったく異なるパリの都会の雰囲気、食事といったことを思いきり楽しみました。日誌にはまじめなことばかり書いていますが、実際には初めてのパリにテンションがかなり上がっていたのです。

再びサンモリッツに戻ってから40km走を2回行っていますが、両方とも終盤にタイムを落とすことなく好感触を得ることができました。最後の40km走はラスト5kmをペースアップしています。距離への不安がなくなり、本番の好結果に結び付けることができました。

私の生来の性格もありますが、私は環境の変化をすべて楽しむタイプです。きっと国内外問わず暮らしていけると思っています。合宿地の宿舎に着いてまずやることは、自分の過ごしやすい空間をつくるということ

とでした。時計を置いて、スピーカーを置いて、洗面所に洗面道具を並べて……と自分の世界にしていました。そういったルーティーンのようなものがひとつあると、環境の変化にも対応できるし、気持ちのリセットもしやすくなると思います。

練習も同様です。新しい練習を取り入れるときは、それが自分に必要なものだと分かっていても、最初は自分に合っていないのでは、と感じることがあると思います。でも、その練習を面白がることができれば、それに自分を合わせていく努力をするようになるでしょう。そうやって、自分が苦手としていることを1つ1つ克服していくのです。

最後の40km走を終えてからは、大腿部に張りが出るなど不安もありましたが、大会が近くにつれて、ワクワク感が高まっていきました。レース15日前にはレースペースを想定した20km走を行っています。ペースにバラツキはあったものの、5km17分30秒以内のペースを維持することができ、自信を深めました。

アテネ五輪に向けた1年間でほぼ毎月レースに出場

パリ世界陸上本番のレースは、予想していた通り、30kmまでは比較的スローペースで大集団のまま進みました。後ろの選手と足が当たるなど、ストレスを感じながら走

っていましたが、事前に下見した終盤の勝負所まで力を温存していました。33kmを過ぎて、キャサリン・ヌデレバ選手（ケニア）が仕掛けると、一気に集団が絞られました。私も必死に食らいつこうとしますが、ヌデレバ選手のペースはそれ以上でした。

また、このレースにはアテネ五輪の切符がかかっており、同じ日本人の坂本直子選手と千葉真子選手の存在も気になって仕方ありませんでした。私も相当足に来ていて、「もうダメかもしれない」と思ったほどです。

結果的には35〜40kmを16分14秒までペースアップができて（ヌデレバ選手は15分58秒）、なんとか銀メダルを獲得し、日本人トップになって翌年のアテネ五輪代表に内定しました。

五輪内定の反響は大きく、帰国後は取材や報告会などの行事があり、しばらくは思うように練習を積めませんでした。もっとも、大きな大会の後は疲労を抜くために、練習の量を思いきり落とすことも大事だと考えています。

アテネ五輪の日本代表に内定してうれしかった半面、故障をせずに1年後を迎えられるのか、モチベーションを1年間も保てるのか、という不安と心配な気持ちが湧き上がっていました。そのため、毎月のようにレースの予定を入れました。さすがにマラソンは無理なので、トラック、ハーフマラソン、30kmのレースを計画してもらいました。

11月の神戸全日本女子ハーフマラソン、12月の山陽女子ロード（ハーフ）は、優勝することはできたものの、タイムは満足のいくものではありませんでした。夏場のマラソンの疲労がまだ抜けきれていない感じもありました。特に過去に1時間8分台で走っている山陽女子ロードで、このときは風が強かったのもありましたが、1時間10分もかかってしまいました。思うようなタイムを出せず苦しい時期でしたが、「調子が上がらない」という感覚は、レースに出たからこそ実感できたこと。練習だけでは分からなかったと思います。体が重くて、思うように動かせなかったけれど、アテネ五輪に向けて、このきつさを味わうことに意味があったのでしょう。

パリでゴールテープを切った瞬間からアテネ五輪に向けた取り組みが始まってはいるものの、本格的なマラソン練習に入るのはもう少し先で、その前に現状の課題を洗い出し、強化すべきポイントを見直す作業をしました。

パリでは大きな課題も突き付けられました。ヌデレバ選手が飛び出したときに、「行かなきゃ」と頭では分かっているのに、体が動かなかったのです。スピードをもっと強化しなければ世界では勝てないのだと実感しました。アテネ五輪では金メダルを獲りたい。そのためには、スピードも、距離走も、パリの前の練習を超えないといけないのだと痛感していました。

本番 ⑧²　　　　　　H 15 年 8 月 31 日（日　　）天気 はれ→曇り

睡眠	就寝時間	22 : 15	TOTAL	低酸素室	安静脈拍数（起床時）	体重	起床時	40.9	kg		
	起床時間	5 : 30	7 h		拍／分		練習後		kg	Hb	
	充分・普通・不足						体脂肪率		%	生理	g／dl 日目

治療	場所（治療院名・トレーナー名等）	内容（時間）	便通	特記事項
	高橋さん	マッサージ・鍼・灸 電気・整体 〔20:10〜21:10〕	軟・普・硬・無 （ ）	
		超音波（ ）・サナモア（ ）・低周波（ ）		

朝練習	練習開始時間	6:30	場所 ブローニュの森	所感（トレーニング・体調・その他）
	練習終了時間	7:10	意欲 5・4・3・②・1	
	内容：　JOG 35′			
	走行距離 5.5 km			

本練習

練習開始時間　　　場所 フランス・パリ
練習終了時間：　　意欲 ⑤・4・3・2・1
内容・結果：
　　世界陸上（パリ）　　　パリ市庁舎スタート→
　　マラソン　　　　　　　スタジアムゴール

　　2°24′14″　2位

走行距離 46 km

所感（本文）：
今日、世界陸上のマラソンを走った。ほとんど予想していた展開で、30kmくらいまで、まとまった集団だった。34km手前でヌデレバ選手が前に出て、坂本さん、千葉さんが残るのもほぼ予想通り。焦りもあったけど（相手もそうかもしれないが、私も足に負担がきていたからダメかもしれないと思った）とにかく、目標の事が頭にあり、前を追う事しかなかったから気持ちが前に出て良かった。マラソンは個人種目だけど、私は個人だと思わない。多くの人々が関わってくれて、苦労でもらったメダルだし、1人では走れない事が良くわかった。

その他	練習開始時間　　　場所	
	練習終了時間　　　意欲 5・4・3・2・1	
	内容：　ウェイト（　　%）／補強（　　　）	
	走行距離　　km	☆一日の総走行距離 51.5 km

コーチ '03.9.12 広瀬
コーチ 03.9.1 太田
藤王

	朝食	昼食	夕食			
食事	寮食	寮食	寮食	薬・サプリメント	ヘマニック	錠／回 朝・昼・夕
					ヘム鉄	錠／回 朝・昼・夕
					フェロミア錠	錠／回 朝・昼・夕
					シナール錠	錠／回 朝・昼・夕
					パンビタン	錠／回 朝・昼・夕
					キヨレオピン	C／回 朝・昼・夕
						錠／回 朝・昼・夕
						錠／回 朝・昼・夕
					アデノバイタル・プロテイン・ジョグメイト	
					カルファ・田七・Feタブ・Cタブ・アイアン	
					SA810、ゼリー、	

2003.8.31　パリ世界陸上の銀メダルでアテネ五輪に内定

サンモリッツ合宿中に1週間ほどパリに滞在し、事前にコース試走を行っていた。その際に終盤の33km過ぎの上りが勝負所になると踏んでいたら、その通りの展開になった。勝負所に備えて力を温存し、35〜40kmは16分14秒まで上げることができた。しかし、ヌデレバ選手のペースアップはそれ以上。必死に食らいつこうとしたものの、離されてしまった。それでも、ハイレベルな日本人対決には勝利して銀メダルを獲得。翌年のアテネ五輪の日本代表に内定した。

アテネ五輪の金メダルへ

痛感したスピード強化の必要性。
レース連戦がスイッチに

　アテネ五輪で金メダルをとるためにスピード強化の必要性を感じ、ポイント練習をもう一段高いものにしようと思いました。パリ世界陸上の後に出場したハーフマラソンで、2本続けて思うように走れなかったことも、良い方向に働いたと思います。そのときは本当に精神的に苦しかったのですが、それが、上に行くためのスイッチになりました。

　一方で、それ以外のこと——例えば、フォームや補強トレーニングなどは、大きく変える必要はないと思いました。別頁で紹介していますが、筋力トレーニングや動きづくりなどの補強は、毎日欠かさずに行っていました。筋力トレーニングはメニューのバリエーションが多く、負荷の度合いを考えて取り組んでいました。

　藤田監督は当時から「女子マラソンもトラックのスピードが必要になる」が持論。マラソンランナーはピッチ走法が主流だったと思いますが、私はマラソンに転向してもストライド走法を変えることはなく、むしろストライドをより生かせるようにと、筋力の強化に取り組んでいました。私と同じようにストライド走法が特徴のラドクリフ選手も、やはり筋力トレーニングを行っていると聞いたことがありました。世界のトップランナーの走りや取り組みを見聞きす

るにつれ、自分自身の走りの特徴を生かすためには、何をすればいいのかを理解していきました。藤田監督も廣瀬コーチも中距離出身だったことも大きかったです。例えば、瞬発力はマラソンには不要に思われるかもしれませんが、ラストスパートの切り替えには必要な能力です。加えて、柔軟性を磨いたり、体をコントロールできるようにしたりと、動きづくりによって培われたものは大きかったです。

　時系列は前後しますが、パリ世界陸上の1カ月後に、6年ぶりに京都にある愛宕山（標高924m）を走って登りました。早歩きで90分、ゆっくりペースで歩くと2時間くらいかかるルートです。走って登っても、社会人1、2年の頃には36分かかっていましたが、今回は、マラソン直後で回復に充てていた時期だったのにもかかわらず、34分台で登ることができました。こんなところでも筋力がついているのを実感したことがありました。

　下山の際も、ゆっくりではありますが、駆け下りました。スピードを出そうとすると体をうまく使わないといけないので、下りも筋力の強化や動きづくりになります。

　登山は廣瀬コーチが考えてくれたメニューでサンモリッツでも何度か実施しています。毎日ジョグばかりでは飽きるので、私の気持ちを考慮してメニューを立ててくださるのがありがたかったです。メンタル面でのリフレッシュにもつながりました。

2度の昆明合宿で
起伏への対策と脚づくり

アテネ五輪イヤーの2004年は、最初のレースとなった1月6日の宮崎女子ロード（ハーフ）で、念願の1時間7分台（1時間7分47秒）の自己記録をマークして絶好のスタートを切ることができました。一人でハイペースで押していけたことも収穫でした。

さて、パリ世界陸上のコースに石畳という攻略すべきポイントがあったように、アテネ五輪のコースにも特徴がありました。アップダウンが厳しいのです。スタート時は標高35mですが、20km付近から上りが続き、32km付近の最高点では標高210mに達します。逆に、ラスト10kmはずっと下りで標高60mまで駆け下ります。レース後半の起伏を攻略しなければなりません。

まず本格的なマラソントレーニングに入る前に、1月中旬から昆明でアップダウンを意識して走り込みを行いました。この頃、SARS（重症急性呼吸器症候群）が流行していて、その不安もありましたが、体調管理に気をつけながら合宿に臨みました。

1年ぶりの昆明でしたが、高地順化はだいぶ早かったように思います。強風が吹き荒れる中、クロスカントリーコースのアップダウンを利用したロングの距離走は手応えを得ることができました。一方で2kmのロングインターバルや5kmのレペティションでは、途中で切り替えができず、本数を

重ねるごとにタイムを落とすなど、力不足を実感させられました。

昆明から帰国し、2月15日には、厳しいアップダウンが特徴の青梅マラソン30kmに出場しました。これもアテネのコースを見越してのこと。ハードなコースでしたが、最後までリズム良く走り切り、1時間39分09秒の日本記録（当時）をマークすることができました。昆明で取り組んできた成果を発揮できたと思います。

上りの坂道インターバルにも積極的に取り組みました。4月の熊本合宿中には750mの坂道インターバル（10本）を行っています。その6日前にも200m×20本の坂道インターバルを行いましたが、200mでもけっこうきつかったのに、750mとなると――。説明するまでもなく、それ以上でした。心拍計が200（bpm）近い数値を示していたと記憶しています。

上りのトレーニングは「脚づくり」に効果的です。スピード練習をそれほどしていなかったのに、トラックの1万mでも自己記録となる31分21秒03（4／25兵庫リレーカーニバル）で走ることができました。

＊

初マラソンのとき以来、昆明ではたびたび高地合宿を行ってきましたが、この年は同地で2度の合宿を実施しています。2度目はアテネ五輪直前のサンモリッツ合宿の前に、5月21日から1カ月超にわたって行いました。この合宿では、新たな試みがあ

りました。それは、昆明よりもさらに標高が高い麗江でのトレーニングです。

これまで私が高地合宿を行ってきた土地の標高は、昆明が約1900m、サンモリッツが約1800m、ボールダー（アメリカ）が約1600mです。麗江は、それらの土地よりもさらに高い約2400mに位置します。これまでと同じ練習メニューを行うだけでも、当然トレーニングの負荷が上がります。

滞在1日目、2日目は高地順化に充てて、3日目には30kmのペース走を行いましたが、走り始めて8kmくらいから、どんどんペースが落ちてしまいました。なんとか30kmを走りきったのですが、脚が重たくて全く上がらず、標高2400mの高地のきつさを思い知らされました。

5日目には400mインターバル（20本）を行いました。前々日の30km走の苦しさを思い出すと不安になったのですが、10本目からは予定通りスピードアップできました。それでも、前半の200mは普通に走れても後半200mは思うように脚を動かせませんでした。ノートには「この感覚をしっかり大切に覚えておきたい」と記してあります。再び昆明に下りたときに、感覚がどれだけ違ったかを確認しようと考えていました。

その翌日には40km走を実施しています。麗江の北側には標高5596mの玉龍雪山がそびえます。40km走は周回コースで行うことが多いのですが、このときは玉龍雪山へと続く一直線のワンウェイコースで、走れど

も走れども景色が変わらず、本当に前に進んでいるのかなと思ったほどでした。それでも、余裕をもってこなせた上に最後の5kmはペースアップすることもできて、2時間36分55秒で走り切りました。前日のインターバルと合わせて、ようやく納得のいく練習ができました。

実は、昆明から麗江に移動する前日に、30km走を途中の18kmでリタイアしたことがありました。私は、与えられたメニューをきっちりこなすことで自信を深めていたので、このときは自分自身への不甲斐なさでいっぱいになりました。その気持ちは練習日誌にぶつけています。ネガティブな感情を引きずらずに、麗江でリフレッシュできたことも良かったですし、そこでさらに高い負荷の練習をこなせたことで自信を取り戻し、さらに深めることができました。

麗江からいったん昆明に戻ったあと、再度1週間後に麗江で合宿を行っています。1回目と同じような練習内容でしたが、2回目はしっかりと追い込むことができ、心肺機能が鍛えられていくのを実感することができました。

昆明・麗江合宿は、じっくり距離を走り込むことに重きを置いており、5月22日から6月23日の約1カ月間で1312kmを走りました。1日平均で約41km走っていたことになります。おそらくそれまでで最も走り込んだ1カ月間だったと思います。

麗江合宿㉔　　　　　H 16 年 6 月 14 日（月 ）　天気 曇り→晴れ

睡眠	就寝時間	22 : 30	TOTAL	低酸素室	安静脈拍数（起床時）	体重	起床時	41.0	kg	Hb	
	起床時間	5 : 05	6.5 h		56 拍／分		練習後	39.2	kg		g／dl
	充分・普通・不足						体脂肪率		％	生理	日目

治療	場所（治療院名・トレーナー名等）	内容（時間）	便通	特記事項
		マッサージ・鍼・灸　　[: ～ :]　電気・整体	軟・普・硬・無（ ）	
		超音波( )・サナモア( )・低周波( )		

朝練習	練習開始時間	6 : 00	場所	4.5k周回
	練習終了時間	7 : 20	意欲	5・4・③・2・1

内容：
　　　　　　　　　　　　　　 懸垂×10
　　　　　　　　　　　　　　 スクワット×20
　JOg61'

走行距離 14 km

本練習	練習開始時間	15 : 30	場所	直線コース
	練習終了時間	18 : 50	意欲	⑤・4・3・2・1

内容・結果：
　　　　40km距離走　　　TOTAL 2°31'55"
　5km 19'13"
　10km 18'48" (38'01")　　40km 18'30" (2°31'55")
　15km 19'15" (57'16")
　20km 18'55" (1°16'11")
　25km 19'19" (1°35'30")
　30km 18'47" (1°54'17")
　35km 19'16" (2°13'33")

走行距離 43.5 km

その他	練習開始時間	10 : 10	場所	トレーニングルーム
	練習終了時間	11 : 55	意欲	⑤・4・3・2・1

内容：　ウェイト（ 80 ％）／補強（ ）
　　　　・ベンチプレス 30k10×3　　・マルチヒップ（カンプ）20k×3
　　　　・スクワット 本田コト10×3　　・ショルダーアウト 4k10×3
　Walk 40'　・ラットプル 3P10×3　　・フライ 15P10×3
　　　　・レッグエクステンション 27.5k10×3　・ワンハンドローイング 9k10×3
　　　　・レッグカール 20k10×3
　　　　・レッグプレス 57k10×3

走行距離 km

所感（トレーニング・体調・その他）

今日は40km、10km、20kmと走っていくうちに足が重くなっていって、20km～30kmの時により、はりウラきつくて、残り10kmはちゃんと走れるかどうか、少し大丈夫かなあ？と思いながら走っていたけど、何となくリズムを取り戻せた感じでスムーズに走れたのここでやってきた事を自信に昆明に戻り、スイスでも、思い出したい。（足の感覚を）

コーチ
'04.6.15
本田 ㊞

☆一日の総走行距離 57.5 km

	朝食	昼食	夕食	薬・サプリメント					
	寮食	寮食	寮食	ヘマニック		錠/回	朝・昼・夕		
		・ごはん、スープ	・ごはん、スープ	ヘム鉄		錠/回	朝・昼・夕		
		・野菜	・玉子サラダ	フェロミア錠	1	錠/回	⑳・昼・夕		
		・豚のニク	・なすとひき肉の炒め	シナール錠	1	錠/回	朝・昼・夕		
			・豚のピカタ	パンビタン		錠/回	朝・昼・夕		
			・じゃが芋の炒めもの	キヨレオピン	C/回	朝・昼・夕			
			・鶏肉のソースがけ			錠/回	朝・昼・夕		
			・ケーキ			錠/回	朝・昼・夕		

食欲
5・4・3・2・1　　⑤・4・3・2・1

アミノバイタル・プロテイン・ジョグメイト
カルファ・田七・Feタブ・Cタブ・アイアン

2004.6.14

標高約2400mの麗江で40km走

昆明とさらに標高の高い麗江とを行き来してじっくり距離を走り込み、本格的なマラソントレーニングに入る前に、タフな練習に耐えるための脚づくりを行った。昆明・麗江合宿に入ってからなかなか調子が上がらずにいたが、6/2に行った40km走では、40km走自体が相当久しぶりだったものの、余裕をもってこなすことができた。12日後の6/14にも麗江で2回目の40km走を敢行した。1回目よりも5分も速く走ることができて、自信をさらに深めた。

ジョグでも起伏対策。
変化走でスピード持久力を

　昆明合宿を終えて1度帰国し、パリ世界選手権の前と同様に、7月からはサンモリッツで直前合宿を行いました。

　サンモリッツに入る前にはアテネに足を運び、マラソンコースの下見をしました。車から見たときと、実際に自分の脚で走ったときでは全く印象が異なり、話に聞いていた通り、起伏がものすごく厳しいと感じました。また、コース下見を行ったことで、気持ちを入れ直すことができました。

　昆明ではアップダウン対策を行ってきましたが、実は上りは比較的得意でした。圧倒的に苦手だったのは下りです。どうしても体が後傾してしまい、上体と脚の動きとが連動せず、「なんちゅう動きをしているんや」とか「動きがバラバラだ」などと、藤田監督や廣瀬コーチからたびたび指摘を受けていました。下りをいかに攻略できるかが、アテネに向けての大きなテーマでした。

　サンモリッツでもアップダウン対策を行いました。例えば朝のジョグも、ハイキングコースなど、アップダウンのある未舗装路を選んで走っていました。上りコースと下りコースとがあり、日によってどちらかを選んでいましたが、やはり下りのほうがきつかったです。朝練習には、廣瀬コーチがマウンテンバイクで付いてくれて、アドバイスをくれました。とにかく普段のジョ

グでも、下りを走る感覚をつかもうと必死でした。ポイント練習では、ベルニナ峠というところで、上り10km、下り10km、計20kmの距離走を繰り返し行い、また、坂道インターバルは、上り坂と下り坂の両方で行いました。

　正直、これらで下りを克服したとは思っていませんでしたが、下りを走る感覚が少しずつ体に染み込んでいきました。

　サンモリッツ合宿では、7月6日から8月11日の37日間で1364kmを走りました。1日平均で約38km。本番まで3週間を切ってからは練習量を落としていくので、昆明よりもサンモリッツのほうが1日平均の距離が少ないのは当然のことです。それでも、7月中は相当な距離を走り込んでいて、1日60kmを超えた日が3日もありました。ちなみに、昆明では1日58kmが最長でした。特に7月11日からの11日間は、今振り返ってもよく走ったなあと感心します。

　この間の主な本練習のメニューです。
　11日…30km走
　13日…20km走（起伏あるコース）
　14日…40km走
　18日…30km走
　21日…40km走

　短期間にこれだけの距離走を行っています。7月なのに雪が降った日もあれば、風が強い日も多く、そんな中でも、最初から最後までほぼイーブンペースを刻むことができ、前年のサンモリッツ合宿と比較して

格段に力がついたのを実感できました。

　藤田監督や廣瀬コーチからは「世界一の練習をしなければ、アテネ五輪で金メダルはとれない」と言われており、これが「世界一の練習」なんだと信じて取り組んでいました。これだけ走り込んだので、持久的な能力が十分備わっていったのだと思います。でも、それだけでは勝てません。インターバル走などのスピード練習やペース走、ジョグなどを組み合わせて、トレーニングにバリエーションをつけることも大切なのです。

　特に私が重要視していたのがペース走です。私のペース走は、2000mごとにペースを上げて、再び最初のペースに戻し、また上げていくというもの。ペース走というよりも、変化走といったほうがいいかもしれません。この練習によって、スピード持久力を身に着けることができたと感じています。特にレース中盤の耐えるべき場面で必要な能力です。

　サンモリッツ合宿中、トラックを使ってペース走を行っていましたが、40周も50周もトラックを回るのは、他国の選手には不思議な様子に見えたようです。「クレイジーだ」とか「外で走ったらいいじゃないか」などと言われたこともありました。もちろん、同じところをぐるぐる走るのはストレスのかかることです。でも、これがストレスに対する耐性を高めるトレーニングにもなっていたと思います。もっとも、リズム

よく走っていると、苦に感じることはまったくありませんでした。

　サンモリッツ合宿の最終局面を迎えた時期には、レースペースで20km走を実施しました。この日は風の影響もそれほどなく、1年前の同じ練習より1分20秒も速く快調にこなせました。何よりも「切り替えろ」という指示を受けて、すっとペースを切り替えられたことが自信になりました。

　こうして、昆明、サンモリッツと「世界一の練習」を順調に重ねていき、アテネ五輪に向けて確かな自信をつかむことができました。

　本番の10日前にはサンモリッツから平地のフランクフルト（ドイツ）に移動しました。高所との寒暖差が大きいので、体調を崩さないように気をつけました。平地に下りてからは、走っていて呼吸が楽でしたし、リラックスして練習に臨めました。

　3日前の最終調整では、マラソンのスタート時刻（18時）に合わせて2km×2本（設定6分30秒）を実施。喉に少し違和感があったものの、1本目を6分22秒、2本目が6分17秒とまずまず走れました。日が高い時刻と比べれば、だいぶ涼しく感じるものの、コースの起伏のみならず、暑さも大敵になるのを実感、五輪本番は我慢のレースになると思いました。

　レース前日には、ナンバーカードを付けたユニフォームと、レースで着用するシューズをベッドサイドのテーブルに並べるの

が、前夜のルーティーンになっています。こうして本番に向けて願かけをし、眠りにつきます。

そして、いよいよ五輪当日。日中のうだるような暑さには、レースが中止になるのではと思ったほどでした。スタート時刻の18時でも気温は35℃と高く、レースは予想通り、スローペースになりました。レース前から「給水を細かくとること」と「25kmからのスパート」をポイントとし、冷静にレースを進めました。10kmから32kmまで上り坂が続き、そこからフィニッシュ地点までは苦手な下り坂になります。25kmから勝負を仕掛けて、最も傾斜がきつくなる28kmまでに決着をつける作戦でした。

集団の中での位置取りについても、周りの選手の体温で余計に暑く感じたので、前方の外側で風を受けながら走っていました。給水も失敗するわけにはいかないという思いがありました。

勝負所が近づくにつれ迷いが生じ始めましたが、25kmの給水を取るために自然にペースアップすると、そのまま飛び出す形になりました。ただ一人、エルフィネッシュ・アレム選手（エチオピア）が反応しましたが、27kmで離れ始めました。一人旅になり、30km地点では2位のアレム選手に23秒差、ポーラ・ラドクリフ選手（イギリス）やキャサリン・ヌデレバ選手（ケニア）には30秒超の差をつけることができました。

下りに入ってからは、ヌデレバ選手に猛追されました。そのときは、誰が追ってきているのか確認しませんでしたが、「向こうも絶対きついはず」「もうすぐフィニッシュだ」と思うと、40kmを過ぎてから重たく感じていた脚が自然と動き始めました。後で確認すると、最後はかなり迫られていましたが、なんとか逃げきって、2時間26分20秒で金メダルを獲得することができました。

フィニッシュ地点が近づくにつれ、パナシナイコ競技場がスポットライトの光で白く浮かび上がっているのが見えました。神殿のようでとても美しく、その光景は一生忘れられません。

レース中に、軽い熱中症になっており、さすがに走り終えた直後にはダメージがありました。日本陸連の澤木啓祐先生が気遣って選手村（マラソン代表は選手村に入っていなかったのですが）で点滴を打たせてくださり、その処置が早かったおかげで大きなダメージが残らずに済みました。

オリンピック後の約1カ月半はオフの期間に充てました。もっとも、まったく走らなかったのはオリンピックのレース翌日くらいで、翌々日からは、1日に1回は必ず走っています。どうしても「走らないと…」という気持ちになり、そわそわしてしまうのです。バカンスでインドネシアのビンタン島を訪れたときにも、朝と夕方にジョグをしていました。

こうして、しばしの休息の後、また次なる目標に向かっていくことになります。

サンモリッツ②　　　　　　　H 16 年 7 月 7 日 (水) 天気 曇り

睡眠	就寝時間	22 : 30	TOTAL	低酸素室	安静脈拍数 (起床時)	体重	起床時	41、4 kg	Hb	
	起床時間	5 : 10	6.5 h		52 拍／分		練習後	40、6 kg		g／dl
	充分・普通・不足						体脂肪率	％ 生理		日目

治療	場所 (治療院名・トレーナー名等)	内容（時間）	便通	特記事項
	高橋ニレ	マッサージ・鍼・灸　(20:15～21:45) 電気・整体　※超音波など含む 超音波(5)・サナモア( )・低周波( ) リリオ30分	軟・普・硬・無 ( )	

朝練習	練習開始時間	6 : 00	場所	山道 逆まわり
	練習終了時間	7 : 20	意欲	5・4・③・2・1
	内容:　　　　　　　　　　　腕立て15×2 　　　JOg 70' 　　　　　　　　　走行距離　16　km			

所感（トレーニング・体調・その他）

今日はペース走。中国の合宿が終って2週間近く経つし、アテネではJOgグタグタだったし、ちょっときついんじゃないかな？と思っていたけど、リズム良く走れたし足の運びが良かったしまあまあの感じ。

本練習	練習開始時間	16 : 00	場所	グラウンド
	練習終了時間	18 : 00	意欲	⑤・4・3・2・1
	内容・結果: 　18000m ペース走 (93"-89"-85") 　TOTAL 65'36" 　フロート 120m×6 ショート×1 　　　　　　　　　走行距離　22.6　km			

2004.7.7
ペース変化走でスピード持久力を磨く

前年同様に7月からスイス・サンモリッツでマラソントレーニングを行った。昆明と麗江で走り込んできたこともあって、高地への順応も早かった。合宿2日目の7/7には18000mのペース走を行ったが、リズム良く走ることができた。このペース走は、「ペース変化走」とも言える練習で、2000mごとにペースを上げてから、再び最初のペースに戻し、また上げていくというもの。この練習によってスピード持久力が身に着き、中盤のペースの上げ下げにも耐えられるようになった。

その他	練習開始時間	10 : 15	場所	トレーニングルーム
	練習終了時間	12 : 20	意欲	⑤・4・3・2・1
	内容:　ウェイト(80 %) ／ 補強( ) Walk 5'　・ベンチプレス 30k 10×3　・マルチヒップ(内・外)55k10×3 JOg 30'　・スクワット 65k 10×3　　・ブッシュアウェイ 4k 10×3 　　　　・デッドソフト 55k 10×3　　・フライ 3P 10×3 　　　　・レッグエクステンション 15k 10×3　・レッグプレス 65k 10×3 　　　　・ラットプル 30k 10×3　　　・レッグカール(カーブ) 20×3 　　　　　　　　　走行距離　6　km			

☆一日の総走行距離　44.6　km

	朝食	昼食	夕食
食事	寮食 ・パン ・オレンジジュース ・ミルクコーヒー ・スクランブルエッグ ・ハム ・ソーセージ ・ヨーグルト	寮食 ・プロテイン ・ごはん、スープ ・サラダ ・じゃがいも ・豚肉 ・牛肉の小コロダレ ・白身魚	寮食 ・ごはん、 ・サラダ ・じゃが芋のふかし ・パスタ ・豚肉
	食欲 ⑤・4・3・2・1	食欲 ⑤・4・3・2・1	食欲 ⑤・4・3・2・1

薬・サプリメント				
ヘマニック		錠/回	朝・昼・夕	
ヘム鉄		錠/回	朝・昼・夕	
フェロミア錠	1	錠/回	朝・昼・夕	
シナール錠	1	錠/回	朝・昼・夕	
パンビタン		錠/回	朝・昼・夕	
キョレオピン		C/回	朝・昼・夕	
		錠/回	朝・昼・夕	
		錠/回	朝・昼・夕	
アミノバイタル・プロテイン・ジョグメイト				
カルファ・田七・Feタブ・Cタブ・アイアン				

2004.5.21-8.22 アテネ五輪に向けたマラソントレーニング一覧

マラソンに向けたトレーニングは目標レースの約3カ月前から本格化していく。アテネ五輪の前は、まず中国の昆明、麗江で高地合宿を行い、クロスカントリーコースなどを走り込んで脚力を強化した。その後、一時帰国し、アテネでのコース下見を挟み、スイス・サンモリッツに移動。練習の質を上げていき、レースに向けて仕上げていった。

	朝練習	午前練習	午後練習	距離
5/21	70'JOG	70'JOG	日本→昆明	27 km
5/22	65'JOG		100'JOG	40 km
5/23	60'JOG	30'JOG 補強C	梁王山 120'JOG	48 km
5/24	70'JOG	30'JOG ウエイト	C・C25km	49 km
5/25	70'JOG		90'JOG	32 km
5/26	70'JOG	30'JOG 補強B	400m×20本 P=78" R=60"	36 km
5/27	70'JOG	25'JOG ウエイト	30km (18kmで中止)	44 km
5/28	70'JOG	昆明→麗江	80'JOG	35 km
5/29	70'JOG	30'JOG 補強C	120'JOG	50 km
5/30	75'JOG	30'JOG ウエイト	30km (1°56'45")	55 km
5/31	45'JOG(F)		80'JOG	24 km
6/1	70'JOG	30'JOG 補強B	400m×20本 P=80"-78" R=60"	37 km
6/2	65'JOG	ウエイト	40km	58 km
6/3	60'JOG(F)	麗江→昆明	80'JOG	29 km
6/4	70'JOG	30'JOG 補強C	120'JOG	48 km
6/5	65'JOG	ウエイト	1km×10本 3'15"	33 km
6/6	70'JOG(F)		70'JOG	28 km
6/7	70'JOG	補強B	C.C中止(90'JOG)	36 km
6/8	60'JOG	ウエイト	30km (1°52'55")	50 km
6/9	70'JOG(F)	昆明→麗江	70'JOG	28 km
6/10	70'JOG	30'JOG 補強C	60'JOG 200m×10本	40 km
6/11	65'JOG	25'JOG ウエイト	30km (1°53'55")	52 km
6/12	65'JOG(F)		75'JOG	27 km
6/13	70'JOG	20'JOG 補強B	1km×10本 P=3'20"	39 km
6/14	65'JOG	ウエイト	40km (2°31'55")	58 km
6/15	65'JOG(F)	麗江→昆明	60'JOG	25 km
6/16	70'JOG	30'JOG 補強C	100'JOG	41 km
6/17	70'JOG	30'JOG ウエイト	PR18000m 200m×3本	45 km
6/18	70'JOG	補強A	C・C30km	50 km
6/19	70'JOG(F)		70'JOG	28 km
6/20	60'JOG	20'JOG 補強	400m×20本 P=76" R=60"	32 km
6/21	70'JOG	30'JOG ウエイト	C・C25km (93'49")	48 km
6/22	65'JOG(F)		80'JOG	29 km
6/23	70'JOG	30'JOG 補強C	1km×10本 P=3'15"	38 km
6/24	70'JOG	WALK 補強(各自)	30km (1°50'29")	50 km
6/25	65'JOG(F)	昆明→日本(帰国)	40'JOG	21 km
6/26	65'JOG		90'JOG	32 km
6/27	70'JOG(F)	補強	25km (1°32'14")	40 km
6/28	70'JOG		60'JOG フロート120m×10本	31.5 km
6/29	65'JOG		PR18000m フロート120m×5本	36 km
6/30	70'JOG	ウエイト	1km×10本 P=3'15"	33 km
7/1	75'JOG	日本→アテネ		16.5 km
7/2	コース下見70'JOG		70'JOG	33 km
7/3	コース下見90'JOG	WALK30' ウエイト	90'JOG	41 km

C・C=クロスカントリー　P=ペース　R=レスト　PR=ペース走　フロート=流し　JOG(F)=フリーのジョグ
※補強についてはP54参照

	朝練習	午前練習	午後練習	距離
7/4	コース下見60'JOG		60'JOG　フロート100m×10本	29.5 km
7/5	80'JOG	アテネ→サンモリッツ		20 km
7/6	70'JOG	30'JOG 補強	100'JOG	39 km
7/7	70'JOG	30'JOG 補強	PR18000m(93"-89"-85")	45 km
7/8	70'JOG	30'JOG 補強C	400m×20 P=76" R=60"	35 km
7/9	70'JOG	30'JOG 補強A	80'JOG	32 km
7/10	50'JOG(雨)	補強B	1km×10本　3'15"	28 km
7/11	60'JOG(雪)	ウエイト	30km (1°51'49")	49 km
7/12	70'JOG(F)		80'JOG	30 km
7/13	70'JOG	30'JOG 補強C	アップダウン20km	44 km
7/14	70'JOG	30'JOG 補強A	40km (2°25'11")	61 km
7/15	60'JOG(F)		70'JOG	24 km
7/16	70'JOG	30'JOG ウエイト	100'JOG　フロート	33 km
7/17	70'JOG	30'JOG 補強B	300m×20本	33 km
7/18	70'JOG	WALK 補強A	30km (1°49'46")	50 km
7/19	65'JOG(F)	WALK 補強	70'JOG	27 km
7/20	70'JOG	30'JOG ウエイト	2km×5本　6'30"	38 km
7/21	70'JOG	WALK 補強	40km (2°25'13")	61 km
7/22	90'JOG(F)			18 km
7/23	70'JOG	30'JOG 補強C	80'JOG　フロート	39 km
7/24	70'JOG	WALK ウエイト	JOG　（雨のため変更）	35 km
7/25	70'JOG	30'JOG 補強A	3km×5本	43 km
7/26	70'JOG(F)	30'JOG 補強	300m×16本（上り・下り）	32 km
7/27	70'JOG	20'JOG 補強B	80'JOG(様子を見る)	36 km
7/28	70'JOG(F)	30'JOG 補強	JOG 200m×10本	36 km
7/29	70'JOG	30'JOG ウエイト	400m×15本	34 km
7/30	70'JOG	WALK 補強	40km (2°27'00")	60 km
7/31	60'JOG(F)		JOG	18 km
8/1	70'JOG	30'JOG 補強C	90'JOG　120m×10本	40 km
8/2	70'JOG	30'JOG ウエイト	12000mビルドアップ走	38 km
8/3	70'JOG	WALK 補強	5km×3本	38 km
8/4	70'JOG(F)		JOG	25 km
8/5	70'JOG(F)	30'JOG 補強C	100'JOG	43 km
8/6	70'JOG	WALK 補強	2km×5本　6'40"	33 km
8/7	70'JOG	30'JOG ウエイト	15km走　（上り・下り）	39 km
8/8	70'JOG(F)		JOG	24 km
8/9	40'JOG	50'JOG 補強	20km (1°07'55")	42 km
8/10	65'JOG(F)	WALK 補強B	JOG	26 km
8/11	70'JOG	30'JOG ウエイト	1km×8本　3'12"	36 km
8/12	70'JOG(F)	サンモリッツ→フランクフルト	JOG	25 km
8/13	70'JOG(F)	30'JOG 補強B	70'JOG　フロート	35 km
8/14	65'JOG(F)	WALK 補強C	16000mビルドアップ走(88"-86"-84"-82")	36 km
8/15	70'JOG(F)		JOG	30 km
8/16	65'JOG(F)	30'JOG 補強	5km+3km+1km	37 km
8/17	65'JOG(F)	WALK 補強	JOG	31 km
8/18	80'JOG(F)	フランクフルト→アテネ	JOG	24 km
8/19	60'JOG(F)		2km×2本	28 km
8/20	65'JOG(F)		JOG	28 km
8/21	65'JOG(F)		JOG　フロート	24 km
8/22	45'JOG(F)		アテネオリンピック女子マラソン	54 km

長距離選手は、ただ長い距離を 走っていれば良いわけではない

バネを生かした大きな走りを維持するために
筋肉の鎧をまといました

　最近でこそ長距離ランナーでも、器具を使ってウエイトトレーニングに取り組む人が増えたように思いますが、私が現役だった頃はそれほど一般的ではなかった気がします。でも、私にとってウエイトトレーニングは欠かせないものでした。藤田監督も廣瀬コーチも中距離出身だったので、ウエイトトレーニングや自重での筋力トレーニングをワコールに入社したときからずっと行ってきましたし、ラストスパートにつながるような俊敏な動きを身につけるための動きづくりや、サーキットトレーニング、短距離選手が行うようなダッシュやラダーといったメニューにも取り組んでいました。長距離選手は、ただ長い距離を走っていればいいわけではない、という考えがありました。

　また、筋力を鍛えるのは、速く走るためだけではなく、故障を防ぐという目的もありました。私の走りはバネを生かしたストライド走法なので、一歩一歩の着地衝撃が大きく、筋肉を保護してあげないと、すぐに故障してしまうからです。それに、この走法でマラソンの42.195kmを走り切るには、筋力を強化することが必要でした。マラソンに挑戦する前、ハーフマラソンで結果を出し続けていても、「野口はハーフマラソンまではいけるけれど、マラソンは絶対にもたないだろう」などと囁かれることもありました。そんな声が私の反骨心に火をつけ、「絶対にその常識を変えてみせるぞ」という意志を強くしました。こうして、走るための筋肉の鎧をまとっていったのです。

ウエイトトレーニングは週に2回 〈低負荷〉と〈高負荷〉とを交互に

　ウエイトトレーニングは、基本的に週に2回。上体を中心に鍛えるメニューと、下肢を鍛えるメニューとを交互に行い、器具を使用して11種類ほどのメニューをこなしていました。年に1回は指標とするために最大（MAX）の負荷を測定。普段は〈低負荷（MAXの60％）・高回数〉、〈高負荷（MAXの80％）・低回数〉のトレーニングを、2日間空けて交互に実施していました。〈低負荷・高回数〉は筋持久力の強化、〈高負荷・低回数〉は筋力強化と筋肉への刺激と、それぞれに意図がありました。

　例外もあります。例えば、日本記録を樹立したベルリンマラソンの前のサンモリッツ合宿では、全てのウエイトトレーニングを高負荷・80％で行っています。これは、高地なので空気抵抗が小さいからという理由と、イン

ターバルなどのスピード練習の前に筋肉に刺激を入れてから臨むという意図がありました。

また、器具を用いない補強トレーニングは、いくつかのメニューを組み合わせたプログラムが数パターンあり、ウエイトトレーニングをしない日に行っていました（廣瀬・注釈：サーキットトレーニングを合わせると、補強はA～Hまでプログラムがありました。ただし、サーキットトレーニングは負荷が高く、それだけで本練習になってしまうので、マラソントレーニングの期間には取り入れていませんでした）。Aは腹筋や背筋などといったオーソドックスなもの、Bは下肢を中心に強化するもの、Cはシャフトなどの簡単な器具を持って行うもの、というように、そのときどきの状態や、その日の走練習メニューに合わせて、組み込まれていました。また、気になる箇所があったときや状態があまり良くないときなどは、自分で補強メニューを考えて取り組むことがありました。

目的を理解し、
一つ一つ丁寧に取り組むことが大事

私が通っていた高校にはウエイトトレーニングルームがありました。もちろん実業団ほど器具の種類は多くなかったのですが、高校生の頃にもベンチプレスなどをやったことがあります。また、補強として2人組で行う器具を使わない筋力トレーニングに取り組んでおり、実業団に進む前から筋力を鍛えていました。

ただし、高校時代はウエイトトレーニングを含む筋力トレーニングに対しての抵抗感は全くなかったものの、出されたメ

ウエイトトレーニング60%
メニュー例

	（回×セット）
ベンチプレス25kg	15×3
スクワット50kg	15×3
デッドリフト40kg	15×3
ラットプル22.5kg	15×3
レッグカール10kg	15×3
レッグエクステンション20kg	15×3
ダンベルフライ4kg	10×3
レッグプレス54.5kg	10×3
プッシュアウェイ4kg	10×3
マルチヒップ54kg	10×3

2004年4月1日の練習日誌より

※メニューはあくまでも一例に過ぎず、様々なバリエーションあり

ウエイトトレーニング80%
メニュー例

	（回×セット）
ベンチプレス30kg	10×3
スクワット64.5kg	10×3
レッグカール21kg	10×3
レッグエクステンション27kg	10×3
ラットプル29.5kg	10×3
プッシュアウェイ4kg	10×3
ダンベルフライ4kg	10×3
ローイング9kg	10×3
チェストプレス18kg	10×3
マルチヒップ30kg	10×3

2004年4月7日の練習日誌より

補強を各自で行った日の
メニュー例［I～III×3セット］

I	腹筋×50（回）
	背筋×50
	腕立て×15
	スクワット×20
II	レッグレイズ×30
	プローンレッグレイズ×30
	腕立て×15
	カーフレイズ×20
III	三角腹筋×20
	サイドランジ×20
	腕まわし×100

2005年5月26日の練習日誌より

補強トレーニングのメニュー

補強 A		
①	綱登り	5回
②	リバースプッシュアップ	30回×5セット
③	レッグレイズ	30回×5セット
④	サイドランジ(15～20kg)	20回×5セット
⑤	プローンレッグレイズ	30回×5セット
⑥	ベントオーバーローイング(15～20kg)	20回×3セット
⑦	シングルレッグスクワット	10回×3セット 左右
⑧	カーフレイズ	30回×3セット 左右

補強 B		
①	足上げ腹筋	50回×3セット
②	背筋	50回×3セット
③	腕立て	15回×3セット
④	足バタ	100回×3セット
⑤	背筋(腕だし)	30回×3セット
⑥	側筋	20回×3セット
⑦	外側筋、内転筋	25回×3セット
⑧	レッグカール	15回×3セット
⑨	足上げ静止	1'×3セット
⑩	手押し車(腕立て5回)	20回×3セット

補強 C(2人組)		
①	腹筋(足上げて)	20回
②	背筋(交互)	30回
③	足上げ(ハードル越え)	左右10回
④	腕立て(幅広)	15回
⑤	腹筋(90°足曲げ、左右ひねり)	30回
⑥	背筋(5kプレート)	15回
⑦	スクワット	ハーフ10+フル10回
⑧	腕立て(幅狭)	15回
⑨	腹筋(三角)	20回
⑩	コサック	20回
⑪	ディップス	10回

※上記11種目を3セット(ゆっくり正確に)

補強 D(メディシンボール)		
①	ウッドチョッパー	20回×3セット
②	バックエクステンション	20回×3セット
③	オーバーヘッドスロー	20回×3セット
④	ベンチロシアンツイスト	20回×3セット
⑤	シットアップスロー	20回×3セット
⑥	ランジツイスト	20回×3セット
⑦	シングルオーバーハンドスロー	10回×3セット
⑧	倒立	1回×3セット

補強 E(中距離サーキット)		
①	メディシンボール腹筋	20回×3セット
②	チェストパス	10回×3セット
③	バスケットのジャンプシュート	5回×3セット
④	背中合わせのパス	10回×3セット 左右
⑤	サッカーのスローイング	5回×3セット
⑥	片足首を持ってジャンプしながら蹴る	20回×3セット 左右
⑦	ケンケンジャンプ	20m×3セット
⑧	腰を落としてジャンプ	20m×3セット
⑨	腹筋(20回づつスピードUP)	60回×3セット
⑩	腕立て伏せ	10回×3セット
⑪	大股歩行で腰を落とす	20m×3セット
⑫	バービージャンプ	10回×3セット
⑬	手押し車	20m×3セット

補強 F		
①	V字シット(腹筋)	30回×3セット
②	背筋	50回×3セット
③	腕立て伏せ	15回×3セット
④	腹筋(20回づつスピードUP)	60回×3セット
⑤	内外転筋	20回×3セット
⑥	レックカール(逆)	15回×3セット
⑦	レックサイドアップ(左右)	20回×3セット
⑧	空気イス	90'×3セット

補強 G(サーキット)		
①	シャフトカール(12.5kg)	12回×5セット
②	シャフト突き出し(左右足)	12回×5セット
③	サイドベント(左右)10kgダンベル	20回×5セット
④	ベンチシングルスクワット(左右)(5kgプレート)	10回×5セット
⑤	ボールひねり	20回×5セット
⑥	腹筋台	30回×5セット
⑦	背筋台	30回×5セット
⑧	ディップス	10回×5セット
⑨	スクワット深く	20回×5セット
⑩	カーフレーズ(左右)	20回×5セット

補強 H(サーキット)		
①	V字シット(腹筋)	20回×5セット
②	足だし腹筋	20回×5セット
③	背筋(平泳ぎ)1kgダンベル	10回×5セット
④	腕だし背筋	20回×5セット
⑤	足上げ(左右サイド)	20回×5セット
⑥	足上げクロス	20回×5セット
⑦	バービージャンプ	10回×5セット
⑧	メデシンボール上下	10回×5セット
⑨	ベンチ台ジャンプ	10回×5セット
⑩	バーベルスクワット(12.5km)	10回×5セット

※補強を各自で自主トレとして行うときは、上記メニューから必要なものをピックアップして組み合わせた

ニューをただこなしているだけだった気がします。実業団に進んでからも、入社したばかりの頃はそのような感じで「やらされていた」練習に過ぎませんでした。

　意識が変わったのは、社会人2年目の秋にワコールを退社し、数カ月間ハローワークに通いながら競技を続けていた時期です。新しい所属先が決まるまでの間、その時間を活用して栄養や筋肉について本や雑誌で学び、だんだんとプロ意識が芽生えていきました。そうやって、なぜウエイトトレーニングを行うのか、その理由をきちんと理解して取り組むようになりました。

　チームには腹筋ひとつをとっても様々なパターンが用意されていますが、それぞれの目的を知った上で行おうと意識して、実際に意味を考えて取り組むようになってからは、競技力がどんどん上がり、結果に結びついていきました。

　また、よく「お尻で走れ」などと言われていましたが、当初は「お尻で？脚で走るんじゃないの？」と疑問でした。でも筋肉に関する知識を得てからは、臀筋や大腿二頭筋（ハムストリングス）は下肢全体を動かし、力強さを生み出す筋肉なので、スピードを上げるにはこれらの筋肉を鍛える必要があることを理解できるようになりました。私のような大きな走りを心がけるランナーにとって、これらの部位は鍛えるべき筋肉でした。きちんと理解して強化に励むと、ロードだけではなく、トラックの記録もぐっと伸びました。

ラダーのメニュー

①	両足　ジャンプ	両足揃えて1マス1リズム
②	開閉　ジャンプ	1マス分ずつ開いて閉じての繰り返し　1マス1リズムで中・外・中・外
③	スラローム　ジャンプ	片足中、片足外状態で、左右に1マス1リズムで進む。
④	ツイスト　ジャンプ	横向きでツイストしながら進む。
⑤	クイック　ラン	1マスに片足ずつ腿上げの形で進む。
⑥	スキップ	1マスずつスキップで前に進む。
⑦	クロス　スキップ	横向きで1マスずつスキップで進む。クロスさせる脚を意識。
⑧	ツイスト　スキップ	前向きでラダーをまたぐ形でスキップしながら進む。
⑨	ラタラル　ラン	1マス2リズムで進む。1マスに両足。
⑩	ラタラル　シャッフル	1マス3リズムで進む。3つ目の足を外に出す。
⑪	in-out-out-in	横向きで1マス3リズムで中・外・外。中のとき足を前に出す。
⑫	バック　in-out-out-in	上の逆で中に入る時、足を後ろに下げる。
⑬	3キープ　ラン	腿上げで1マス3リズムキープ　腿を上げすぎない
⑭	2キープ　ラン	腿上げで1マス2リズムキープ　上体を反らさない
⑮	リズム　ラン	1マス空けて走りぬける

ウエイトトレーニングや補強に毎日繰り返し取り組んでいましたが、お
ざなりに行うと、ロードだけではなく、全く意味のないただの運動になっ
てしまいます。だからこそ、「何のために、どうしてこれをやるのか」を
常に意識して、一つ一つ丁寧に、気持ちを入れて取り組むことが大事だと
思っています。

　一般ランナーでも、サブ3やサブ4などの記録を狙う人は、ある程度筋
力を強化することが必要だと思います。ウエイトトレーニングはハードル
が高いと思うので、オーソドックスな腹筋や背筋、腕立て伏せを行うだけ
でも良いでしょう。また、日常生活において、階段を1段抜かしで上った
り、ペットボトルに水を入れて重りの代わりにしたりと、ちょっとした工
夫でも筋トレの代わりになります。私の場合、毎日の補強以外に、寮の敷
地内にある鉄棒で毎朝けんすいをしていました。合宿中など、鉄棒がない
環境の場合は、腕立て伏せで代用していました。けんすいは、腕だけでな
く、腹筋や背筋を一度に鍛えることができるので、オススメです。記録が
頭打ちになっている方は、1日5分だけでいいのでやってみてください。

アテネ五輪直前のスイ
ス・サンモリッツ合宿で
のウエイトトレーニング
の様子。40km走などの
長い距離を走るときはか
なり負荷を落としていた
ものの、レース前1カ月
でも1週間に1度は行っ
ていた

第**2**章

ベルリンマラソンで日本記録を狙う
［準備期］

アテネ五輪で金メダルに輝いた野口が、次なる目標に掲げたのが
日本新記録樹立。これまでは勝負に勝つためにトレーニングを
積んできたが、今度は記録に挑むことになる。
一段高い目標に向けて、
まずは中国・昆明で土台をつくり直すことから始めた。

2004-2005 「勝負」のレースから「記録」を狙うレースへ

ベルリンマラソンまでの練習メニュー（本番まで19週～12週）

※実際の練習日誌から転載しました

「勝負」のレースから「記録」を狙うレースへ

自分の身体に耳を傾ける

アテネ五輪で金メダルを獲得することは大きな目標でしたが、一方で、一つの通過点に過ぎないとも考えていました。

実は、言葉にはしていなかったものの、オリンピックの前から私の心の中にはひそかにひとつの思いがありました。それは、オリンピックがどんな結果であろうと（メダルをとれたとしても、とれなかったとしても）、次は記録に挑戦しようという思いです。

私が目標にしていたのは高橋尚子さんです。高橋さんはシドニー五輪で金メダルを獲得したあと、その翌年のベルリンマラソンで2時間19分46秒の世界最高記録（当時）をマークしています。私も「勝負は勝負」「記録は記録」とレースの目標を分けて、今度は2時間19分台の記録を狙おうと考えていました。藤田監督や廣瀬コーチとその話をしたのは、オリンピックが終わってからでした。

アテネ五輪の後には、テレビ出演やCMのオファーが多数ありました。今ほどプロという考え方が一般的ではなかった時代でしたが、プロランナー転向という話が持ち上がったりもしました。藤田監督は「お前が判断しろ」とおっしゃっていましたが、私は純粋に走ることに向き合ってきたからこそ、ここまで来られたと思っていましたし、プロランナーとしての活動にはそれほど興味がなかったので、引き続き藤田監督の指導を受けることを決意しました。私は、社会人になる前から、「脚が壊れるまで走ること」を競技者としての目標に掲げていました。もし「オリンピックで日本代表になること」や「メダルを獲ること」を目標にしていたら、それらを成し遂げてしまった時点でバーンアウトし、競技を離れて、もっと自分の好きなことを楽しんでいたかもしれません。でも、「次は記録に挑戦しよう」という明確な思いがあったから、藤田監督や廣瀬コーチと一緒に、その目標を叶えたいと思いました。

ハーフマラソンまでの距離であれば、「1時間7分台を目指す」と記録を目標にした場合と、「絶対に勝つ」と勝負に徹する場合とで、取り組みにはそれほど違いがないと考えています。でも、マラソンとなるとそうはいきません。2時間19分台に向けたトレーニングは、もちろんこれまでのアテネ五輪や2003年のパリ世界選手権に向けた取り組みを参考にしましたが、さらなるレベルアップには、トレーニングの強度を上げることが必要となります。

また、アテネ五輪前は月に1回程度、レースを入れていましたが、ベルリンマラソンに照準を定めてからは、それほどロードレースの予定を入れませんでした。その理由は、これまでの自己記録2時間21分を一気に2分縮めることを目指し、慎重に、なおかつ、確かなトレーニングを積み上げて

いこうという考えからでした。その代わりに、今度はスピードも必要となると考えたため、トラックのレースには何度か出場することにしました。

　行事等でなかなか本格的な練習に移れなかったアテネ五輪後でしたが、年末年始に行った奄美大島の合宿から、ようやく練習に集中することができました。とはいえ、翌年９月のベルリンマラソンに向けて、そんなに早い時期から意気込んでも、気ばかり急いて疲れてしまうだけなので、まずは鈍っていた体を時間をかけて整えていこうという意識でトレーニングに入っていきました。

　そんな折、年が明けた05年の２月下旬に右膝の内側に痛みが出ました。新人の頃に右膝を疲労骨折したことがありましたが、膝に痛みが出たのは、そのとき以来のことでした。骨には異常がなかったものの、炎症があったので、約１カ月間は様子を見ながらジョグやウォーク中心の練習になりました。

　実を言うと、私はハードなトレーニングをしているときのほうが筋肉の状態が良いようなのです。年末から始動したトレーニングは、当面レースの予定がなく、ロングジョグなどのメニューが多かったので、かえって疲労が一気に出たのかもしれません。でも、目標レースはまだまだ先なので、慌てることはないと思っていました。

　ケガで練習強度を落としていた期間は、「今日はあまり痛みがなかった」とか、逆に「どんどん痛くなった」などと、毎日、どんな状態だったかを練習日誌に記しています。自分の脚の状態は自分にしか分からないことなので、監督やコーチに的確に状態を伝え、情報を共有することを大切にしていました。

　また、普段から自分の身体に耳を傾けることを大事にしていました。トレーニングのレベルが年々上がるにつれ、余計にそう思うようになりましたし、この頃には、自分の身体の違和感をかなり細かく感じとれるようになっていました。例えば、朝練習でちょっとした張りを感じたら、すぐに故障につながらないと分かっていても、練習日誌に記して、監督やコーチに伝えるようにしていました。（レース前にはあえて記さなかったこともありましたが）。

　３月下旬に練習に復帰してからは、すぐにハードな練習にも取り組んでいます。練習再開後は慎重になる人がいますが、私は、用心深くしすぎると、走れない期間が長引くだけのような気がしていました。焦っていたわけではなく、「もうポイント練習をやっても大丈夫」という確信があった上で練習を再開していました。もちろん判断を間違えると、ケガを悪化させて復帰までにさらに時間がかかることになるので、自分の感覚を研ぎ澄ませ、体からの声に耳を傾けて、状況を見極めて判断することを大事にしていました。

ハイスピードを持続させる練習も
札幌国際ハーフでまさかの３位に

　アテネ五輪以来となるレースになったのが、2005年５月13日の関西実業団選手権の１万mです。日本記録を狙うベルリンマラソンでは、ハイペースでイーブンペースを刻むことが求められるので、このレースでは、1000m３分10秒～12秒ペースを一人で刻むことを目標に臨みました。完全に一人旅となりましたが、３分10秒前後のペースをきっちりと刻むことができました。どんな大会でも100％で走らなければ私は気が済まず、不器用なだけかもしれませんが力をセーブして走るということができないのが性分です。明確な目的を持って挑んだレースで、最後はペースアップすることもできました。さらに、最低でも32分を切りたいと思っていた狙い通り、31分44秒29のセカンドベストをマークできました。おまけに２日後には、４×400mリレーに出場して、仲間と「バトン」をつなぎました。

　２月、３月とケガをしていたけれど、この大会を終えて現状は問題ないことをしっかりと確認できました。また、次はスピードが求められるマラソンになるので、ある程度スピードを出して走れたことも安心材料になりましたし、この後に始まる昆明合宿、そしてベルリンに向けて、弾みをつけることができました。

　９月のベルリンの前に、ステップレースとして７月に行われる札幌国際ハーフマラソンへの出場を予定していました。５月19日から20日間にわたる昆明合宿は、ハーフマラソンに向けた土台づくりをしっかり行うことが目的です。本格的なマラソントレーニングに入ると、ポイント練習は40km走が多くなりますが、この土台づくりの期間はクロスカントリー走に重点的に取り組みました。１日目にクロスカントリー走20km、翌日にインターバルという、２日間にわたるセット練習が多かったです。５月半ばを過ぎてからの昆明はだいぶ暑くなっていましたが、集中していた日ほど、暑さはあまり気になりませんでした。

　クロスカントリー走は、故障のリスクを小さくした上で、脚筋力を強化できる良いことづくめの練習でした。昆明の道路はアスファルトが硬かったので、相当なペースで走れば、それだけ着地衝撃が大きくなります。その点で、クロカンコースの路面は土なので、長い距離を走っても着地衝撃が小さくて済みました。まず、起伏がある不整地を走ることで、体幹や脚筋力を鍛えることができます。このときは特に、ハイペースに耐えられるように臀部を鍛えたかったので、クロカンコースを走り込むことは効果的だったと思います。さらに、ロードでは鍛えにくい足首の強化にもなっていました。不整地を走ることで捻挫のリスクはありましたが、いつもより接地に気を配ることで、注意力を鍛えることにもつながっ

ていたと思います。このように、コースに変化があるという点でも、クロスカントリー走は私の好きなトレーニングでした。アップダウンがあるので、当然きつい練習なのですが、特に上りを走るのが好きでした。リズムを取りやすく、良いフォームができ上がっていく感覚を実感できたからです。ぐいぐいと全身を使って走ることで、達成感も得られました。また、下りや平坦な箇所ではぐっとペースが上がるので、レースの中でのペースの変化をイメージすることができました。クロカンで瞬発的な動きを磨くことは、ラストスパートでの切り替えにも役立っていたと思います。

また、合宿の中盤には、さらに標高の高い（2600～2700m）会沢に移動して、25km走や400mインターバル（20本）などを行いました。25km走はかなりきつく、脚が思うように動かないことがありました。でも短期間で、かなり充実感のある練習ができました。

昆明合宿の後には、韓国で3年ぶりに5000mのトラックレースに出場し、再度スピードを確認しました。ラスト1周までずっと先頭を引っ張っていたにもかかわらず、ラスト1周で1着の選手に7秒も差をつけられてしまい（15分42秒で2着）、ラストの切り替えなどに大きな課題を残しました。その後、4週間ぶりに帰国。今度は長野県の菅平高原で合宿をし、再びクロカンコースを走って、7月3日の札幌国際ハーフマラソンに向けて調整していきました。

札幌ハーフは、アテネ五輪のマラソン以来のロードレース出場でした。レース前の調整でも調子はまずまずで、しかも、得意のハーフマラソンです。ここで好走してベルリンに向けて弾みをつけたいと思っていました。しかし優勝どころか、まさかの3位という結果に終わりました。タイムも1時間9分46秒と、自己記録には遠く及ばないものでした。優勝したのは、アテネ五輪で銀メダルだったキャサリン・ヌデレバ選手。2位の岩本靖代選手（豊田自動織機）にも1秒届きませんでした。ロードレースで日本人選手に敗れるのは、久しぶりのことでした。この日は、私の27歳の誕生日でしたが、納得のいかない結果に終わり、悔しさばかりが募りました。

でも今にして思えば、ここで日本人選手に敗れたことで、私の中にある反骨心に火がついたような気がします。逆に、ここで優勝して記録も良かったら、9月のベルリンマラソンを前に、気持ちは下降の一途を辿っていたかもしれません。この悔しい結果があったおかげで、サンモリッツで行ったその後のマラソントレーニングに、「なにくそ！」と気持ちを奮い立たせて挑むことができました。

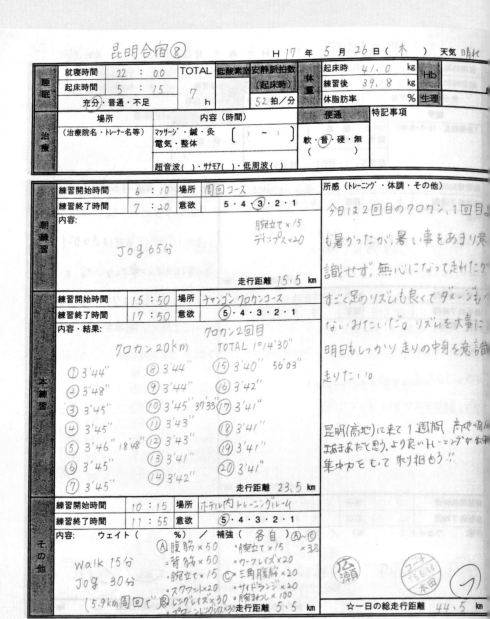

昆明合宿⑧　　　　H 17 年 5 月 26 日 （ 木 ）　天気 晴れ

睡眠	就寝時間	22 ： 00	TOTAL	低酸素室	安静脈拍数（起床時）	体重	起床時	41.0	kg	Hb	
	起床時間	5 ： 15	7 h		52 拍／分		練習後	39.8	kg		
	充分・普通・不足						体脂肪率		％	生理	

治療	場所（治療院名・トレーナー名等）	内容（時間）	便通	特記事項
		マッサージ・鍼・灸　電気・整体　〔　：　～　：　〕	軟・普・硬・無（　　）	
		超音波（　）・サモア（　）・低周波（　）		

朝練習

練習開始時間　6：10　　場所　周回コース
練習終了時間　7：20　　意欲　5・4・③・2・1

内容：
腕立て×15
ディップス×20

Jog 65分

走行距離　15.5 km

本練習

練習開始時間　15：50　　場所　ヤンゴン クロカンコース
練習終了時間　17：50　　意欲　⑤・4・3・2・1

内容・結果：　　　　クロカン2回目
クロカン20km　　　TOTAL 1°14'30"

① 3'44"　　⑧ 3'44"　　⑮ 3'40" 56'03"
② 3'48"　　⑨ 3'44"　　⑯ 3'42"
③ 3'45"　　⑩ 3'45" 37'33"　⑰ 3'41"
④ 3'45"　　⑪ 3'43"　　⑱ 3'41"
⑤ 3'46" 18'48"　⑫ 3'43"　　⑲ 3'41"
⑥ 3'45"　　⑬ 3'41"　　⑳ 3'41"
⑦ 3'45"　　⑭ 3'42"

走行距離　23.5 km

その他

練習開始時間　10：15　　場所　ホテル内 トレーニングルーム
練習終了時間　11：55　　意欲　⑤・4・3・2・1

内容：　ウェイト（　　％）／補強（ 各自 ）Ⓐ〜Ⓕ

walk 15分
Jog 30分
（5.9km周回で）

Ⓐ腹筋×50　　・腕立て×15　×38
・背筋×50　　・ワークレイズ×20
・腕立て×15　・三角腹筋×20
・スクワット×20　・サイドランジ×20
・レッグレイズ×30　・腕まわし×100
・プランニングレッス×30

走行距離　5.5 km

所感（トレーニング・体調・その他）

今日は2回目のクロカン、1回目より
も暑かったが、暑い事をあまり意
識せず、無心になって走れたケ
すごく足のリズムも良くてダメージも
ないみたいだ。リズムを大事に
明日もしっかり走りの中身を意識し
走りたい。

昆明（高地）に来て1週間、高地順応
も進んだと思う。より良いトレーニングが出来る
集中力をもって取り組もう！！

広瀬（印）　　コーチ 15.6.14 本田（印）　　⑦

☆一日の総走行距離　44.5 km

	朝食	昼食	夕食	薬・サプリメント				
食事	寮食　×2杯	寮食　2杯	寮食	ヘマニック		錠/回 朝・昼		
	・おかゆ、米うどん入みそシチ	・ごはん、水ぎょうざ入野菜スープ	・ごはん、野菜スープ	ヘム鉄		錠/回 朝・昼		
	・ハム入スクランブルエッグ	・豚肉の野菜炒め	・鶏の唐揚げ	フェロミア錠	1	錠/回 朝・昼		
	・ソーセージ	・肉団子（ミートボール）	・トマトと卵の炒めもの	シナール錠	1	錠/回 朝・昼		
	・肉まん ×1	・じゃが芋の炒めもの	・チンゲン菜	パンビタン		錠/回 朝・昼		
		・チンゲン菜	・フライドポテト	キョレオピン		C/回 朝・昼		
		・ドラゴンフルーツ	・レバーの炒めもの	ウコン	10	錠/回 朝・昼		
		・オレンジ	・スイカ1切れ			錠/回 朝・		
			・メロン1切れ					
	食欲	食欲	食欲	アミノバイタル・プロテイン・ジョグメイト				
	5・④・3・2・1	⑤・4・3・2・1	5・4・3・2・1	カルファ・田七・Feタブ・Cタブ				

昆明合宿⑨

H 17 年 5 月 27 日（金）　天気 晴れ

		TOTAL	低酸素室	安静脈拍数		体重	起床時	40、8	kg	
就寝時間	22：30			（起床時）			練習後	39、6	kg	Hb
起床時間	5：15	6.5 h		52 拍／分			体脂肪率	%	生理	g／dl
充分・普通・不足										日目

場所	内容（時間）		便通	特記事項
（治療院名・トレーナー名等）	マッサージ・鍼・灸 電気・整体	〔19:45～20:15〕	軟・普・硬・無 （　）	30℃！合宿に入ってから 連日高気温…。
	超音波（　）・サモア（　）・低周波（　）			

練習開始時間	6：10	場所	農村→5.9コース
練習終了時間	7：25	意欲	5・4・③・2・1

内容:

JOG 65分

腕立て×15
ディップス×20

走行距離 15.5 km

練習開始時間	16：00	場所	5.9kコースのSTART→1kpoint
練習終了時間	17：50	意欲	⑤・4・3・2・1

内容・結果:

1km×10 インターバル P.3'15" R.90～100"

① 3'11"　② 3'11"
③ 3'12"　④ 3'13"
⑤ 3'13"　⑥
⑦ 3'12"　⑧ 3'12"
⑨ 3'1　⑩ 3'12"0

走行距離 16.5 km

練習開始時間	10：20	場所	ホテル トレーニングルーム
練習終了時間	11：55	意欲	⑤・4・3・2・1

内容: ウェイト（　　%）／補強（ C ）

walk 20分
JOG 20分

走行距離 4 km

☆一日の総走行距離 36 km

所感（トレーニング・体調・その他）

今日は1kmのインターバルだった。風がりっこうあって、いつもやってる所はどうかと心配もあったけど、運よく横風で、走りやすかった。風はあるのに陽射しがきつく、暑かったけど、今日も集中して走る事が出来た。調子をしっかり保って、また成果が出るようにがんばりたい。

2005.5.26-27

札幌国際ハーフに向けた土台づくり

日本記録更新を目指すベルリンマラソンの前に、ステップレースとして7月に札幌国際ハーフへの出場を決め、その前に中国・昆明で土台づくりを行った。今度は記録を狙うレースになるので、ハイペースに対応できるように臀部を強化。その一環として昆明ではクロスカントリーコースを中心に走り込んだ。昆明に来て8日目の5/26はクロカン20km。高地順化が早く、上々のできだった。翌日の1kmインターバルも、30℃を超える暑さの中、設定を上回るタイムでこなせた。

	朝食	昼食	夕食
	寮食	寮食	寮食
		・ごはん、野菜スープ	・ごはん、野菜スープ
	・卵の焼きもの	・卵とねぎの炒めもの	・明とねぎの炒めもの
	・マーボー豆腐	・豆腐とひき肉の和えもの	・豆腐とひき肉の和えもの
	・牛肉の炒めもの		・豚肉の炒めもの
			・鶏肉の野菜炒め
			・バナナ・オレンジ・スイカ
食欲	5・4・3・2・1	⑤・4・3・2・1	5・④・3・2・1

薬・サプリメント				
ヘマニック		錠/回	朝・昼・夕
ヘム鉄		錠/回	朝・昼・夕
フェロミア錠	1	錠/回	朝・昼・夕
シナール錠	1	錠/回	朝・昼・夕
パンビタン		錠/回	朝・昼・夕
キョレオピン	1	C/回	朝・昼・夕
		錠/回	朝・昼・夕
		錠/回	朝・昼・夕

アミノバイタル・プロテイン・ジョグメイト
カルフア・田七・Feタブ・Cタブ・アイアン

MAY

5月

16 → 22

ベルリンマラソンまであと19週

1週間の走行距離
242km

マラソントレーニング前の脚力強化

　ベルリンマラソンまで約4カ月。本格的なマラソントレーニングに入る前の脚力の強化として、中国・昆明で高地合宿に入ります。

　アテネ五輪が終わってから練習ができていない期間があり、05年に入ってからも2月に鵞足炎になるなど練習が途切れがちでした。その上で、全体的な流れとしては、昆明合宿は基礎トレーニングという位置付けになります。昆明は標高約1900mなので、普通なら高地順化が必要ですが、野口は順化が早く、2日目にクロカンで20km、翌日に25km走をこなしています。これで好調ぶりが確認できました。

文／廣瀬永和（当時コーチ）

[表記について]　R＝レスト　P＝設定ペース
コーチより：廣瀬永和（当時コーチ）からのコメント
監督より：藤田信之（当時監督）からのコメント

5月16日(月)　一日の走行距離37km　晴れ

朝練習	走行距離	13km	
	時　刻	6:10〜7:25	
	場　所	嵐山	
	Jog65分 けんすい×10回		

本練習	走行距離	20km
	時　刻	15:30〜17:15
	場　所	嵐山
	Jog100分	

その他	時　刻	10:15〜
	Jog20分（4km） ウエイト80％	

所感

今日はLongJogだった。腰がけっこう痛かったから気になったけど、走ると楽になる。長山さん（※治療院の先生）も、背中がすごく硬いと言っていたが、ほぐれは早いから、大丈夫だそうだ。

5月17日(火)			晴れ	5月18日(水)	昆明に移動		晴れ
一日の走行距離40.5km				一日の走行距離10.5km			

朝練習	走行距離	14km		朝練習	走行距離	10.5km
	時　刻	6:15〜7:20			時　刻	5:00〜5:50
	場　所	河川敷			場　所	嵐山
	Jog 60分 けんすい×10回				Jog45分	

本練習	走行距離	22km		本練習	走行距離	
	時　刻	15:30〜17:15			時　刻	
	場　所	河川敷			場　所	
	20km　1°12'49" 5km					

その他	時　刻	10:20〜12:00	その他	時　刻	
	補強A Jog 30分（4.5km）				

所感	今日はジェイソンと20kmを走った。最初は足が合わなかったが、その後は何とかリズムが合った。風が強くちょっときつかったが、明日は走れないし、まあ良かったなと思った。 ジェイソンは中国の昆明合宿で出会って仲良くなったアメリカ人のランナー。京都に来た折に一緒に練習をした。	所感	今日は昆明に移動する日だから、練習は朝だけになってしまった。でも、ちょうど良く体をリフレッシュできた。なおかつ、新しい気持ちでトレーニングできるから、がんばるぞ!!

※練習日誌に書き込まれていた内容をそのまま引用、記載しています。
　当時コーチとして指導していた廣瀬永和氏に1週間ごとの取り組みについて補足解説していただきました。

5月19日(木) 昆明合宿1日目	晴れ (暑い)	5月20日(金) 昆明合宿2日目	晴れ
一日の走行距離37.5km		一日の走行距離42km	

5月19日(木) 昆明合宿1日目 ／ 晴れ(暑い)
一日の走行距離37.5km

朝練習

走行距離	14km
時刻	6:15〜7:25
場所	5.9kmコース

Jog 65分
腕立て×15回

本練習

走行距離	19.5km
時刻	16:00〜17:45
場所	海埂基地と5.9kmコース

Jog 100分

その他

時刻	10:15〜11:45

Jog 20分(4km)
ウエイト80％

所感

今日は体慣らしのJog…。朝はゆっくり走っているつもりだったのに、何だか速く走ってしまった。まだ疲れていないからだろうか…。これがどんどん練習していくうちに足が重くなっていくような気がする。でも、がんばるぞ。

> コーチより
> 新たな目標(ハーフマラソン)に向けて土台作りをしっかりと行おう。

5月20日(金) 昆明合宿2日目 ／ 晴れ
一日の走行距離42km

朝練習

走行距離	15km
時刻	6:10〜7:25
場所	5.9kmコース

Jog 62分
腕立て×15回

本練習

走行距離	23km
時刻	16:10〜17:45
場所	チャンゴンクロカンコース

クロカンコース20km
(P.=3'55"/km)
TOTAL 1°15'26"

5km	18'53"
10km	37'42"
15km	56'32"
20km	1°15'26"

その他

時刻	10:20〜11:40

Jog20分(4km/5.9kmコース)
補強C

所感

今日はクロカンコース。3分55秒ペースで走ることになっていたが、何かちょっと足が軽く、3分48秒から45秒くらいで回った。でも、暑さのせいか、後半はちょっとペースが落ちて、足どりも重くなってしまった。ダメージがこの後、残らないように気をつけたい。

5月21日(土) 昆明合宿3日目	晴れ
一日の走行距離43.5km	

朝練習

走行距離	15km
時　刻	6:10〜7:25
場　所	メインロード→村→5.9kmコース

Jog 60分
腕立て×15回

本練習

走行距離	22km
時　刻	15:30〜17:15
場　所	5.9kmコース周回

25km
TOTAL1°31'44"

5km	18'33"	
10km	18'26"	36'59"
15km	18'29"	55'28"
20km	18'16"	1°13'44"
25km	18'00"	1°31'44"

その他

時　刻	10:15〜12:00

Jog 20分(3.5km／海埂基地)
Walk 10分
ウエイト80％

所感

今日は25kmを5.9kmコースで走った。晴れていてやっぱり暑かったけど、時々もっていたし、風もあったから意外と涼しかったので、走りやすかった。リズムも良く、足どりも軽かった！

5月22日(日) 昆明合宿4日目	晴れ
一日の総走行距離31km	

朝練習

走行距離	14km
時　刻	6:10〜7:28
場　所	街方面

Jog 70分(Free)

本練習

走行距離	17km
時　刻	16:30〜18:05
場　所	5.9kmコース周回

Jog 85分(Free)

その他

時　刻	

所感

今日はフリーJog。タイム等いろんなことを気にせず、気持ち良くJogできた感じだった。明日からまたがんばるぞ！

MAY

5月

23 → 29

ベルリンマラソンまであと18週

1週間の走行距離
256.5km

通常のマラソントレーニング始まる。
インターバル+ペース走のセット練など

　状態が良かったので、さっそく通常通りの練習サイクルに入っています。合宿5日目と6日目は「18000mペース走（変化走）＋400mインターバル」というセット練習になっています。合宿序盤なので、設定タイムはやや落とし目にしたのですが、実際には設定よりも速いペースでこなしていました。ペース走は、ペースを掴むことよりも、ペースの上げ下げがありストレスがかかる状況で、どのように走るかが鍵。練習の消化具合を確認しながら、次のステップに進みます。（廣瀬）

5月23日(月)	昆明合宿5日目	晴れ
一日の走行距離44.5km		

朝練習

走行距離	16km
時刻	6:10〜7:25
場所	5.9km周回

Jog 65分（合同）
腕立て×15回（10秒静止）

本練習

走行距離	24km
時刻	16:00〜17:35
場所	チャンゴン（土・トラック）

18000mペース走
(93"-89"-85")
TOTAL 1°05'11"

その他

時刻	10:30〜11:55

Walk 5分
Jog 30分(4.5km)
補強B

所感

今日はペース走。やっぱりトラックでやるのはちょっと違うのか、一昨日の距離走の時とは違い、きつかった。走るたびに足が重く、呼吸は楽なのに、きつさがあった。でも、前倒しで走れた（？）。ちょっと力みすぎたけど、明日も心して走りたい。

5月24日(火) 昆明合宿6日目	晴れ
一日の走行距離34.5km	

朝練習	走行距離	15km
	時 刻	6:10〜7:23
	場 所	富士温泉折り返し
	Jog 65分 腕立て×15回	

本練習	走行距離	15.5km
	時 刻	15:50〜17:40
	場 所	チャンゴン(土・トラック)
	400m ×20本 (P＝76"〜77") (R＝1〜10本:70"、10〜20本:60") ①76"6　②75"4　③75"8　④75"6　⑤75"3 ⑥75"8　⑦76"5　⑧75"5　⑨75"9　⑩75"7 ⑪75"7　⑫76"0　⑬75"8　⑭75"7　⑮76"0 ⑯75"7　⑰75"6　⑱75"9　⑲75"6　⑳74"7	

その他	時 刻	10:15〜11:50
	Walk 5分 Jog 30分(4km) ウエイト80％	

所感	今日は400mのインターバルだった。最初の数本は上体が硬くて変な走り方だったみたいで、それは自分でもきついなと思い、「足の回転を意識しろ」と言われ、やってみたらリズム良く走れたから良かったと思う。でも、やっぱり高地は足にくるなあと思った。でも、しっかり上を目指してがんばるぞ!!

5月18日(水) 昆明合宿7日目	晴れ
一日の走行距離32km	

朝練習	走行距離	14km
	時 刻	6:10〜7:30
	場 所	富士温泉折り返し
	Jog 70分(Free)	

本練習	走行距離	18km
	時 刻	16:30〜18:10
	場 所	海埂基地と5.9kmコース
	Jog 90分(Free)	

その他	時 刻	10:05〜12:00
	90分walk(4km／5.9Kコース) 補強	

所感	今日は、昨日のハリがけっこうきているみたいで、特に背中はきつかった。足の方はちょっと重だるいなというくらいで、走っていくうちにましになっていったと思う。明日からまたがんばるぞ。

<table>
<tr><td colspan="2">

5月26日(木) 昆明合宿8日目

一日の走行距離44.5km

</td><td>晴れ</td></tr>
</table>

朝練習	走行距離	15.5km
	時 刻	6:10〜7:20
	場 所	周回コース

Jog 65分
腕立て×15回
ディップス×20回

本練習	走行距離	23.5km
	時 刻	15:50〜17:50
	場 所	チャンゴンクロカンコース

クロカンコース20km　※クロカン2回目
TOTAL 1°14'30"
①3'44"　②3'48"　③3'45"
④3'45"　⑤3'46"(18'48")
⑥3'45"　⑦3'45"　⑧3'44"
⑨3'44"　⑩3'45"(37'33")
⑪3'43"　⑫3'43"　⑬3'41"
⑭3'42"　⑮3'40"(56'03")
⑯3'42"　⑰3'41"　⑱3'41"
⑲3'41"　⑳3'41"

その他	時 刻	10:15〜11:55

Walk 15分
Jog 30分(5.5km／5.9km周回コース)
補強

所感

今日は2回目のクロカン。1回目よりも暑かったが、暑いことをあまり意識せず無心になって走れたから、すごく足のリズムも良くて、ダメージも少ないみたいだ。リズムを大事にして、明日もしっかり走りの中身を意識して走りたい。

> **コーチより**
> 昆明(高地)に来て1週間。高地順応もまあまあだと思う。より良いトレーニングができるよう集中力をもって取り組もう!!

<table>
<tr><td colspan="2">

5月27日(金) 昆明合宿9日目

一日の走行距離36km

</td><td>晴れ</td></tr>
</table>

朝練習	走行距離	15.5km
	時 刻	6:10〜7:20
	場 所	農村→5.9kmコース

Jog 65分
腕立て×15回
ディップス×20回

本練習	走行距離	16.5km
	時 刻	16:00〜17:50
	場 所	5.9kmコースのスタートから1kmポイントまで

1km×10
(P=3'15" R=90"〜100")
①3'11"　②3'11"　③3'12"　④3'13"　⑤3'13"
⑥　　　⑦3'12"　⑧3'12"　⑨3'1-"　⑩3'12"0

その他	時 刻	10:20〜11:55

Walk 20分
Jog 20分(4km)
補強C

所感

今日は1kmのインターバルだった。風がけっこうあって、いつもやっている所はどうかと心配もあったけど、運よく横風で、走りやすかった。風はあるのに陽射しがきつく、暑かったけど、今日も集中して走ることができた。しっかり調子を保って、また成果が出るようにがんばりたい。

5月28日(土) 昆明合宿10日目		晴れ
一日の走行距離 30.5km		

朝練習	走行距離	13.5km
	時刻	6:10〜7:25
	場所	5.9km周回コース
	Jog 65分 Free	

本練習	走行距離	17km
	時刻	16:15〜17:45
	場所	5.9kmコース周回
	Jog 80分 Free	

その他	時刻	

所感

今日は、とてもリラックスして走れたが、右脚の足底がちょっと気になった。それ以外の脚は、朝よりも軽く、ほぐれていた。大丈夫だと思うけど、気をつけたい。

5月29日(日)	昆明・会沢 合宿11日目	晴れ →曇り
一日の総走行距離 34.5km		

朝練習	走行距離	14km
	時刻	6:10〜7:25
	場所	5.9kmと富士温泉方面
	Jog 70分 Free	

本練習	走行距離	20.5km
	時刻	16:15〜17:55
	場所	会沢のグラウンドとロード
	Jog 100分	

その他	時刻	

所感

今日から初めての会沢。昆明よりちょっと高めの地で、しっかり走れるか、この何日間か、がんばりたい。ただ、山の間の街だけあって、麗江の時と同様、天気は変わりやすいから、体調には気をつけたい。

MAY 　 JUNE
5月 　 6月

30 → 5

ベルリンマラソンまであと17週

1週間の走行距離
243km

さらに高地へ移動。標高2700mほどの場所でポイント練習

　昆明よりもさらに標高の高い2600〜2700mの会沢に移り、ポイント練習。「400mインターバル」「25km走」は、昆明よりも空気が薄いので、余裕を持って取り組める設定にしています。ですが、設定をはるかに上回るペースでこなしています。

　昆明に戻ってきてからは、翌週の5000mのレースに向けてロングインターバルを入れました。ここでは会沢の疲労もあったようですが、すぐに回復し、6月5日のクロカン20km走はハイペースできっちりこなしています。（廣瀬）

5月30日(月)	昆明・会沢 合宿12日目	晴れ
一日の走行距離 32.5km		

朝練習

走行距離	13.5km
時　刻	6:10〜7:20
場　所	ロード

Jog 60分（各）
腕立て×15回

本練習

走行距離	14.5km
時　刻	16:00〜17:50
場　所	グラウンド

400m ×20本
（P＝1〜10本：78"、11〜20本：76"）

①75"	②76"	③-	④-	⑤-
⑥-	⑦-	⑧-	⑨-	⑩-
⑪-	⑫-	⑬-	⑭-	⑮-
⑯-	⑰-	⑱7-	⑲74"9	⑳75"0

その他

時　刻	10:15〜

Jog 30分（4.5km）
ウエイト80％

所感

　今日は400mのインターバルだった。昆明より標高が高いから、やっぱり呼吸はきついが、脚の方はリズム良く、良い流れで走れた。タータンということもあるのか、走りやすいというのもあるからかもしれない。

5月**31**日(火)	昆明・会沢 合宿13日目	晴れ
一日の走行距離42.5km		

朝練習	走行距離	15km
	時　刻	6:10〜7:25
	場　所	ロード

Jog 70分(各)
右のポイント8→14で折り返し

本練習	走行距離	27.5km
	時　刻	16:00〜18:10
	場　所	山のコース

25km
(P＝4'00"〜4'15/km)

```
 5km    19'19"
10km    39'20"  (20'01")
15km    58'27"  (19'07")
20km  1°18'18"  (19'51")
25km  1°37'09"  (18'51")
```

その他	時　刻	10:30〜11:55

Walk 30分
ウエイト

所感

今日は2600〜2700mの高地で25kmを走った。かなりきつく、足が思うように動かないところが1カ所あって、充実感のある(?)練習だった。きついけど、きつくて良いんだ！　と思って走った。昆明に下りたら、楽に走れるだろうか…。

5月TOTAL
走行距離
1022.5km

6月**1**日(水)	昆明・会沢 合宿14日目	くもり
一日の走行距離21km		

朝練習	走行距離	14km
	時　刻	6:10〜7:27
	場　所	ロード

Jog 70分(Free)
※朝1回

本練習	走行距離	7km
	時　刻	17:30〜18:15
	場　所	5.9km

Jog 40分

その他	時　刻	

所感

今日はJog。リラックスして走ったが、朝、右の内くるぶし近くのところが、またちょっと気になる。昨日の25kmがきているみたい。右脚の内くるぶしは、けっこう距離を走るとなるみたいだから、自分でもしっかりほぐしてあげたい。

会沢→昆明に戻る。
9:00発の12:30着

<table>
<tr><td colspan="2">

6月2日(木) 昆明合宿15日目

一日の走行距離 39km
</td><td>

くもり
のち
晴れ
</td></tr>
</table>

朝練習		
走行距離	15.5km
時刻	6:10〜7:20
場所	5.9kmコース

Jog 65分
指立てふせ×10回
ディップス×15回

本練習		
走行距離	23.5km
時刻	15:30〜17:45
場所	チャンゴンクロカンコース

クロカン20km
TOTAL 1°16'16"50
 5 km　　 19'15"
10km　　 38'16"（19'01"）
15km　　 57'16"（19'00"）
20km　　 1°16'16"（19'00"）

※体調が悪かったため、様子をみながら

その他		
時刻	10:25〜11:50

Walk 35分
補強
※体調悪く、自分でやらせてもらった。

所感

今日は朝から体調があまり良くなく、朝練後は血尿みたいなものが出て、ちょっとびっくりした。その後も背中や腰がだるく、体がきつかった。でも、午後の練習は距離はこなせた。ペースは最低限のペースを維持するのがやっとだったが、まだ走れて良かったと思う。廣瀬さんには心配をかけてしまいましたが、明日はきっと大丈夫だと思うので、よろしくお願いします。

> **コーチより**
> 軽い症状で良かったけれど、体調管理には十分注意しよう。

<table>
<tr><td colspan="2">

6月3日(金) 昆明合宿16日目

一日の走行距離 37km
</td><td>

晴れ
</td></tr>
</table>

朝練習		
走行距離	15.5km
時刻	6:10〜7:25
場所	5.9kmコース

Jog 65分
腕立て×15回
ディップス×10回

本練習		
走行距離	16.5km
時刻	16:00〜18:20
場所	3.25kmコース（5.9Kコースの中）

2 km×5本
(P＝6'35"前後)
①6'30"
②6'36"
③6'38"
④6'39"
⑤6'33"

1 km×1　3'07"8

その他		
時刻	10:15〜11:55

Jog 30分（5km）
補強C

所感

今日は2km×5本のインターバルだった。今日の2kmのインターバルが、だいたい山場だと言われていたのに、中身が良くない練習になってしまった。400mや1kmのイメージを大事に頭の中に入れて走っていたけど、心と体が別々で、すごくきつく、今回の練習は気持ちが下向きになって（自分に負けてしまった）、日本記録を更新したいと言っているやつが、こんなんでどうするんだと思った。でも、気持ちを切り替えていこうと思う。

> **コーチより**
> 次回はしっかり走れるよう、気持ち、体調を上げていこう!!

6月4日(土)	昆明合宿17日目	晴れ→うすぐもり
一日の走行距離28km		

<table>
<tr><td rowspan="3">朝練習</td><td>走行距離</td><td>14km</td></tr>
<tr><td>時 刻</td><td>6:10〜7:30</td></tr>
<tr><td>場 所</td><td>5.9Kと街方面</td></tr>
</table>

Jog 70分
腕立て×15回

<table>
<tr><td rowspan="4">本練習</td><td>走行距離</td><td>14km</td></tr>
<tr><td>時 刻</td><td>16:15〜17:30</td></tr>
<tr><td>場 所</td><td>5.9kmのハーさんコースと街方面</td></tr>
</table>

Jog 70分

その他

時 刻	

所感

今日はしっかりほぐした。でも、ちょっと右脚の内くるぶしが、前より気になってきた。見た目も少し腫れぼったいような…。走れないことはないし、まだすごくひどくはなっていないと思うけど、十分注意して、いつもさわっているけど、ケアしたい。

6月5日(日)	昆明合宿18日目	晴れ→くもり
一日の総走行距離43km		

<table>
<tr><td rowspan="3">朝練習</td><td>走行距離</td><td>15.5km</td></tr>
<tr><td>時 刻</td><td>6:10〜7:30</td></tr>
<tr><td>場 所</td><td>5.9Kコース</td></tr>
</table>

Jog 66分
腕立て×15回
ディップス×15回

<table>
<tr><td rowspan="3">本練習</td><td>走行距離</td><td>23.5km</td></tr>
<tr><td>時 刻</td><td>15:40〜17:45</td></tr>
<tr><td>場 所</td><td>チャンゴン</td></tr>
</table>

クロカン20km　※16:00くらいスタート
TOTAL 1°14'00"　AVERAGE 3'42"
①3'46"　②3'46"　③3'45"8　④3'44"
⑤3'43"(18'46")
⑥3'43"7　⑦3'43"7　⑧3'43"8　⑨3'44"
⑩3'44"(37'26")(18'40")
⑪3'41"　⑫3'40"　⑬3'40"　⑭3'39"8
⑮3'39"(55'48")(18'22")
⑯3'40"　⑰3'39"　⑱3'38"8　⑲3'37"8
⑳3'36"(18'12")

その他

時 刻	10:15〜11:50

Walk 25分
Jog 20分(4km)　暑くて残り10分Walkに変えた。
補強B

所感

今日はクロカン20km。4回目になるが、曇ってくれたから一番速いペースで走れた。右脚の内くるぶしも、走り始めは気になるけど、走っていたら、まだ大丈夫…という感じだった。しっかり確認しながら気をつけたい。

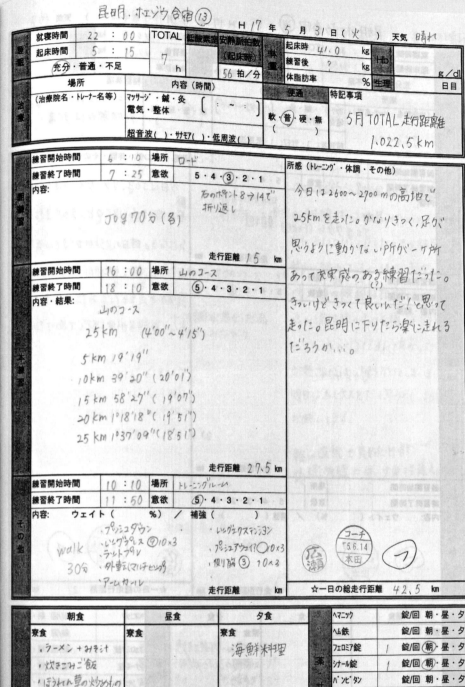

昆明・ホエゾウ合宿 ⑬　H 17 年 5 月 31 日（火　）天気 晴れ

睡眠	就寝時間	22：00	TOTAL	低酸素室	安静脈拍数（起床時）	体重	起床時	41.0	kg	Hb		g/dl
	起床時間	5：15	7 h		56 拍/分		練習後	?	kg			日目
	充分・普通・不足						体脂肪率		%	生理		

治療	場所（治療院名・トレーナー名等）	内容（時間）		便通	特記事項
		マッサージ・鍼・灸 電気・整体 [： 〜 ：]		軟・普・硬・無（　）	5月TOTAL 走行距離 1,022.5 km
		超音波（　）・サナモア（　）・低周波（　）			

練習	練習開始時間	6：10	場所	ロード	所感（トレーニング・体調・その他）
	練習終了時間	7：25	意欲	5・4・③・2・1	今日は2600〜2700mの高地で
	内容：　　　　Jog 70分（名）		石のポイント8→14で折り返し		25kmを走った。かなりきつく、足が
					思うように動かない所が一ヶ所
			走行距離 15 km		あって充実感のある練習だった。

きついけどきって良いんだ！と思って
走った。昆明に下りたら楽に走れる
だろうか。

練習開始時間	16：00	場所	山のコース
練習終了時間	18：10	意欲	⑤・4・3・2・1

内容・結果：　　山のコース

25km　（4'00"〜4'15"）

5km　19'19"
10km　39'20"（20'01"）
15km　58'27"（19'07"）
20km　1°18'18"（19'51"）
25km　1°37'09"（18'51"）

走行距離　27.5 km

練習開始時間	10：10	場所	トレーニングルーム
練習終了時間	11：50	意欲	⑤・4・3・2・1

内容：　ウェイト（　　%）／補強（　　）

walk 30分
・プッシュダウン
・レッグプレス ⑨10×3
・ラットプダV
・外転（マルチヒップ）
・アームカール

・レッグエクステンション
・プッシュアウェイ① ◯10×3
・側腹 ③ 10×3

コーチ '5.6.14
広瀬　本田　フ

☆一日の総走行距離　42.5 km

	朝食	昼食	夕食	薬・サプリメント		
	寮食	寮食	寮食 海鮮料理	ヘマニック	錠/回	朝・昼・夕
	・ラーメン＋みそシ			ヘム鉄	錠/回	朝・昼・夕
	・炊きこみご飯			フェロミア錠 1	錠/回	朝・昼・夕
	・ほうれん草の炒めもの			シナール錠 1	錠/回	朝・昼・夕
	・目玉焼き			パンビタン	錠/回	朝・昼・夕
	・肉まん			キヨレオピン	C/回	朝・昼・夕
	・まんじゅう				錠/回	朝・昼・夕
					錠/回	朝・昼・夕
				アミノバイタル・プロテイン・ジョグメイト		
	食欲	食欲	食欲	カルファ・田七・Feタブ・Cタブ・アイアン		
	5・④・3・2・1	5・4・3・2・1	5・4・3・2・1			

昆明よりもさらに標高の高い会沢へ。余裕を持って取り組めるように設定を緩めにしたが、それでもきつく感じた。それでも、設定を上回るペースで走っている

会沢から昆明に戻ったら練習が楽に感じると思っていたが、疲労がなかなか取れず、前日には体調を崩し、この日は設定通りに練習をこなせなかった。この合宿の山場だったが、不本意な練習になった

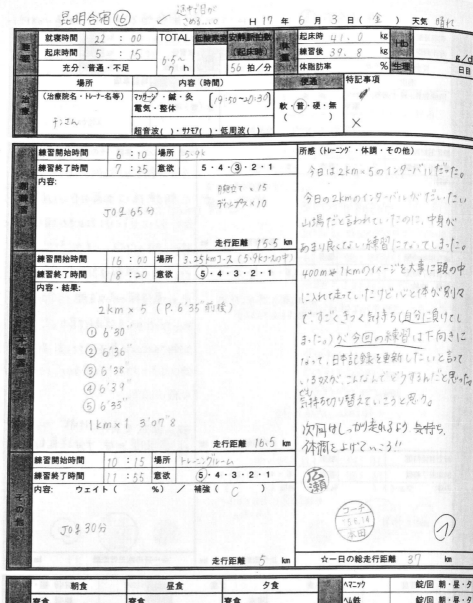

昆明合宿⑯　　途中で目がさめる…。　H 17 年 6 月 3 日（金）天気 晴れ

睡眠	就寝時間	22 : 00	TOTAL	6.5〜7 h	血酸素量		安静脈拍数（起床時）56 拍／分	体重	起床時 41、0 kg	Hb	g/dl
	起床時間	5 : 15							練習後 39、8 kg		
	充分・普通・不足								体脂肪率 %	生理	日目

治療	場所（治療院名・トレーナー名等）チンさん	内容（時間）マッサージ・鍼・灸 [19:50〜20:30] 電気・整体　超音波（ ）・サナモア（ ）・低周波（ ）	便通 軟・普・硬・無（ ）	特記事項 ×

朝練習

練習開始時間	6 :10	場所	5.9k
練習終了時間	7 :25	意欲	5・4・③・2・1

内容：
JOg 65分　　　　　　腕立て×15　ディップス×10

走行距離 15.5 km

本練習

練習開始時間	16 :00	場所	3.25kmコース（5.9コースの中）
練習終了時間	18 :20	意欲	⑤・4・3・2・1

内容・結果：
2km × 5（P. 6'35"前後）
① 6'30"
② 6'36"
③ 6'38"
④ 6'39"
⑤ 6'33"
1km × 1　3'07"8

走行距離 16.5 km

その他

練習開始時間	10 :15	場所	トレーニングルーム
練習終了時間	11 :55	意欲	⑤・4・3・2・1

内容：　ウェイト（ ％）／補強（ C ）
JOg 30分

走行距離 5 km

所感（トレーニング・体調・その他）
今日は2km×5のインターバルだった。
今日の2kmのインターバルがだいたい山場だと言われていたのに、中身があまり良くない練習になってしまった。400mや1kmのイメージを大事に頭の中に入れて走っていたけど心と体が別々で、すごくきつく気持ち（自分に負けてしまった。）が今回の練習は下向きになって、日本記録を更新したいと言っているクスが、こんなんでビクするんだと思ったので気持ち切り替えていこうと思う。
次回はしっかり走れるより 気持ち、体調をよげていこう!!

広瀬

コーチ '5.6.14 本田　　①

☆一日の総走行距離 37 km

	朝食	昼食	夕食	薬・サプリメント					
食事	寮食・ラーメン＋おみそ汁・肉まん×1・おかゆ・ソーセージ・ゆで卵・トマトと卵の炒めもの・野菜ケレ・ヨーグルト	寮食・ごはん1.5杯・野菜スープ・鶏肉の炒めもの・牛肉の炒めもの・卵のチヂミみたいの・黄色のまんじゅう・パンケーキ(?)・マーボー豆腐	寮食・ごはん×2 野菜スープ・ぎょうざ(水)・ソーセージ炒め・豚肉の炒めもの・卵とねぎの炒めもの	ヘマニック	錠/回 朝・昼・夕				
				ヘム鉄	錠/回 朝・昼・夕				
				フェロミア錠	1	錠/回 ⑩・昼・⑨			
				シナール錠	1	錠/回 ⑩・昼・⑨			
				バンビタン	錠/回 朝・昼・夕				
				キヨレオピン	1	C/回 朝・昼・夕			
					錠/回 朝・昼・夕				
					錠/回 朝・昼・夕				
	食欲 ⑤・4・3・2・1	食欲 5・④・3・2・1	食欲 5・④・3・2・1	アミノバイタル・プロテイン・ジョグメイト　カルファ・田七・Feタブ・Cタブ・アイアン					

JUNE

6月

6 → 12

ベルリンマラソンまであと16週

1週間の走行距離
161km

現状確認のために5000mレース出場

　昆明合宿の仕上げに、現状の力を確認するために韓国で5000mのレースに出場しました。「400mインターバル」や、最終調整として「2000m」を行なってから、韓国に移動しました。マラソンに向けた脚づくりの過程で、スピード刺激を入れることもトラックのレースを入れた目的です。韓国へは夜中の移動だったこともあって、コンディションはそんなに良くもなく、ラストの切り替えには課題を残しました。（廣瀬）

6月6日(月)　昆明合宿19日目　晴れ
一日の総走行距離33km

朝練習

走行距離	15.5km
時　刻	6:10〜7:25
場　所	5.9kmコース

Jog 65分
腕立て×15回
ディップス×15回

本練習

走行距離	13km
時　刻	15:30〜16:50
場　所	昆明スタジアム

400m ×15本（P＝75"〜 76"）
①74"　②75"0　③75"　④74"　⑤74"
⑥74"　⑦74"　⑧74"9　⑨74"1　⑩75"0
⑪75"2　⑫74"　⑬74"　⑭74"　⑮74"1

その他

時　刻	10:15〜

ウエイト80％
Walk 10分
Jog 30分（4.5km）

所感

今日は400m×15本だった。走っている途中ちょっと気持ち悪かった以外は、脚の方も特に痛みなく、問題なく走れたように思った。ここ何日かで体調もまあまあ良くなったから上手く合わせていきたい。

6月7日(火) 昆明合宿20日目	晴れ
一日の総走行距離26km	

朝練習	走行距離	12km
	時 刻	6:10〜7:20
	場 所	富士温泉方面折り返し
	Jog 60分 Free	
本練習	走行距離	14km
	時 刻	16:15〜17:25
	場 所	5.9kmコース
	Jog70分Free	
その他	時 刻	10:10〜11:55
	Walk 50分 補強	

所感

今日はほぐしのJogを…。
右脚は歩き始めや、朝がちょっと気になるけど、走っていくと、あまり感じない。ただ、走っていても、ちょっと力を入れると痛むから、気をつけたい。あと、明日は刺激。しっかり走りたいと思う。

6月8日(水) 昆明合宿21日目	晴れ
一日の総走行距離23.5km	

朝練習	走行距離	14km
	時 刻	6:10〜7:20
	場 所	5.9kmコース
	Jog 60分 腕立て×15回 ディップス×20回	
本練習	走行距離	9.5km
	時 刻	11:10〜12:20
	場 所	昆明スタジアム
	2000m×1本(6'25"前後) 6'20"	
その他	時 刻	

所感

今日は最終調整の2000mを1本。アップも、この前より良かったし、走り始めもまあまあだったが、後半3、4周目「意識して走れ」と言われた所を、1、2周目と同じようにちゃんと走れなかった。感覚的にも足が重くなっていく感じで、ちょっときつかった。しかし、気持ちを切り換え、あと何日かで調整していきたい。

6月9日(木) 昆明→韓国へ	くもり	**6月10日(金)**	雨→くもり
一日の総走行距離21km		一日の総走行距離19.5km	

朝練習	走行距離		朝練習	走行距離	12km
	時 刻			時 刻	6:10〜7:15
	場 所			場 所	池のまわり
	飛行機で移動のためできず			Jog 60分	

本練習	走行距離	16km	本練習	走行距離	7.5km
	時 刻	16:00〜17:35		時 刻	16:00〜17:00
	場 所	ワールドカップのあったスタジアム		場 所	サムスン電子トラック
	Jog80分			1000m×1本(P＝3'00"〜3'05") 3'01"8	

その他	時 刻	11:50〜12:25	その他	時 刻	10:40〜11:40
	Jog 30分 (5km／ワールドカップスタジアム方面)			1時間walk(ホテル周辺)	

所感	今日から韓国に移動して、サムスンチャレンジの試合に向けて調整…。午前中は飛行機で脚がむくんでいたから少し動いた。午後のJogは昆明にいた時より脚が軽いような感覚で走りやすかった。明日と明後日の半日でしっかり調整していきたい。	所感	今日は前日刺激の1000mを1本走った。アップは変な感じだったけど、1000mを走ったら軽く走れた感じだった。明日は落ち着いて、今の自分が5000mはどれくらいで走れるか、やってみたい。

	6月11日(土)	_
	一日の総走行距離 24㎞	

朝練習	走行距離	12km
	時 刻	6:30〜7:40
	場 所	ワールドカップスタジアム
	Jog 60分(Free)	

本練習	走行距離	12km
	時 刻	19:00〜
	場 所	サムスントラック
	サムスン電子ディスタンスチャレンジ(5000m) 15'42"(2位)	

その他	時 刻	

所感

今日はサムスンのディスタンスチャレンジ5000mに出場した。3年ぶりの5000mだったが、今の5000mの力はどれくらいなのか確認したかったが、最初からラスト1周までずっと引っ張って、ラスト、スパッと切り替えられず、たった1周で7秒も差をつけられてしまった。課題の多く残る試合となった。しかし、頭を切り替えてがんばるぞ!!

	6月12日(日)	晴れ
	一日の総走行距離 14㎞	

朝練習	走行距離	14km
	時 刻	6:30〜7:45
	場 所	ワールドカップスタジアム
	Jog 70分 Free	

本練習	走行距離	
	時 刻	
	場 所	

その他	時 刻	

所感

昨日の疲れはむこうずねに少しきていたみたいだったけど、朝だけだったから、すっかりほぐれて良かった。これでリフレッシュ!切り替えていこうと思った。

JUNE

6月

13 → 19

ベルリンマラソンまであと15週

1週間の走行距離
210km

**京都滞在の短い期間に
レースで中断していた練習を再開**

　いったん京都に戻り、今度は札幌ハーフに向けた菅平合宿に入ります。京都滞在は短い期間でしたが、前の週にレースがあって練習を積めていなかったので、「野外走20km」「1kmロングインターバル」と、普段の流れと同じようなメニューを実施しています。そして菅平へ。移動日翌日には、クロカン20kmを自分のペースで行なっていますが、傾斜のきついコースにもかかわらず、かなり速いペースでこなしています。菅平合宿にもスムーズに入ることができました。（廣瀬）

6月13日(月)　　　　　　晴れ

一日の総走行距離26.5km

朝練習	走行距離	10.5km
	時　刻	5:30〜6:40
	場　所	ミョンドウ(ソウル市内)

Jog 50分(各)

本練習	走行距離	16km
	時　刻	16:30〜17:55
	場　所	嵐山

Jog 80分

| その他 | 時　刻 | |

所感

今日は日本に帰国。４週間ぶりの日本だ。しばらくはまた国内で合宿と試合だけど、前進するためにまた力をつけなければ！と思った。午後のJogは韓国にいる時よりも軽かったけど、むくんでいて変な感じもした。

6月14日(火)	晴れ →くもり
一日の総走行距離 39km	

朝練習	走行距離	12km
	時 刻	6:10〜7:25
	場 所	嵐山

Jog 65分
けんすい×10回

本練習	走行距離	23.5km
	時 刻	16:30〜18:25
	場 所	河川敷

野外走 20km
TOTAL 1°13'07"

5km	18'35"
10km	36'54"
15km-	
20km-	

その他	時 刻	10:10〜11:55

Jog 20分(3.5km)
補強A

所感

今日は野外走。足はやっぱり軽く、風もままああああったけど、(横風だし)リズム良く走れた。もうすぐ合宿だし、札幌に向けて合宿前からも、しっかり合わせていきたいです。

6月15日(水)	小雨→ くもり
一日の総走行距離 32.5km	

朝練習	走行距離	15km
	時 刻	6:10〜7:25
	場 所	河川敷

Jog 60分
けんすい×10回

本練習	走行距離	17.5km
	時 刻	16:00〜17:50
	場 所	河川敷

1km×10本(3'10"〜12")
①3'11"
②3'10"
③3' -
④3' -
⑤3' -
⑥3' 09"
⑦3'11"
⑧3'09"6
⑨3'11"5
⑩3'10"

その他	時 刻	

ウエイト80％

所感

今日は1km×10本をやったけど、背中が張っていて呼吸がきつかった。足は動いていたと思うけど、前半バランスが悪かったので気をつけて走りたい。

<table>
<tr><td colspan="2">6月16日(木)　菅平合宿1日目
一日の総走行距離24km</td><td>雨→
くもり</td><td colspan="2">6月17日(金)　菅平合宿2日目
一日の総走行距離42km</td><td>晴れ</td></tr>
</table>

朝練習	走行距離 10.5km 時刻 6:10〜7:00 場所 西京極のまわり Jog 50分(Free)		朝練習	走行距離 14km 時刻 6:10〜7:20 場所 湿原2.1kmコース Jog 65分(各) 腕立て×15回	

本練習（6/16）
走行距離 13.5km
時刻 16:30〜17:50
場所 菅平　周回とグラウンド
Jog 70分(Free)

本練習（6/17）
走行距離 23.5km
時刻 15:30〜17:50
場所 クロカンコース
クロカンで20km　（自分のペースで）

TOTAL1°24'52"

その他（6/16）
時刻

その他（6/17）
時刻 10:20〜11:55
Walk 10分
Jog 30分(4.5km)
補強

所感（6/16）
今日から菅平合宿だ。京都に比べて気温が低いから、走りやすく、食事もモリモリ食べられそう。だけど、今日小雨が降っていてすごく寒かったから、風邪を引かないように気をつけたい。

所感（6/17）
今日はクロカンで20kmだった。久々だったが、やっぱりちょっと傾斜がきついから、けっこう足元が危ない感じがした。あまり平坦でも効果が得られないから、ここのクロカンは本当に足が鍛えられるけど、十分気をつけて走らなければいけないと思った。明日もしっかりがんばるぞ!!

6月18日(土)	菅平合宿3日目	晴れ
一日の総走行距離 30.5km		

	走行距離	14km
朝練習	時刻	6:10〜7:20
	場所	湿原2.1kmコース

Jog 65分(各)
腕立て×15回

	走行距離	12.5km
本練習	時刻	16:00〜17:45
	場所	周回コースの1.5kmポイント →3.5Kポイント

2km×5本(P=6'30"前後)
①6'35"
②6'29"
③1.5kmすぎでやめる

	時刻	
その他		

Jog 30分(4km／ほぐす感じで)
補強C

所感
今日は2kmのインターバルだったが、3本目の途中でやめてしまった。呼吸もきつく、足が上がらず、自分の気持ちとは裏腹に…という感じだった。ちゃんとこなして安心出来るものが欲しかったし、この練習は絶対！と思っていたのにダメだった。廣瀬さんの言う通り、自分で追い込んでしまっているだけだ。ポイントをつかんで走れる状態に持っていかないと！

6月19日(日)	菅平合宿4日目	—
一日の総走行距離 15.5km		

	走行距離	15.5km
朝練習	時刻	6:15〜7:30
	場所	湿原

Jog 75分
腕立て×15回

	走行距離	
本練習	時刻	
	場所	

	時刻	夜
その他		

腹筋50回×3本
背筋50回×3本

所感
今日は東京で表彰があるため、朝だけやって、東京に移動した。JOCの最優秀賞を頂いただけに、やっぱりもっとしっかりしなくては！気持ちを切り替えて走らなくてはダメだ！と思った。

JUNE

6月

20 → 26

ベルリンマラソンまであと14週

1週間の走行距離
233km

札幌ハーフに向けた練習の山場。
スピード練習で追い込む

　通常の練習サイクルに入りますが、翌週の週末には札幌国際ハーフマラソンが控えているので、早くもこの合宿の山場を迎えます。24日に「400mインターバル」で動きづくりをしてから、25日の「3km＋2km＋2km＋1km」で追い込んでいます。練習の消化具合やタイムを見ると、かなりの好タイムが期待できそうでしたが……。今になって振り返ると、スピード系の練習をやりすぎてしまったかなと感じています。（廣瀬）

6月20日(月)　菅平合宿5日目　　晴れ

一日の総走行距離33km

朝練習	走行距離	15.5km
	時　刻	6:15〜7:25
	場　所	代々木公園

Jog 70分

本練習	走行距離	17.5km
	時　刻	16:15〜17:55
	場　所	湿原とサニアパーク

Jog 90分

| その他 | 時　刻 | |

所感

今日はJog。昨日、今日でけっこう疲れがとれたみたい。まだ変な感じは残っているけど、だいぶ良いみたいだ。明日、明後日とがんばるぞ!!

6月21日(火)	菅平合宿6日目	晴れ

一日の総走行距離 41km

朝練習	走行距離	14km
	時　刻	6:10～7:25
	場　所	太郎館の芝

Jog 65分
腕立て×15回

本練習	走行距離	22.5km
	時　刻	16:00～17:50
	場　所	サニアパーク

18000mペース走
(P＝92"-88"-84"/400m)だいたい
※2000mごとにペースを変える
TOTAL 64'45"

120m×6　フロート

その他	時　刻	10:25～11:55

Walk 5分
Jog 30分(4.5km)
補強B

所感

今日はペース走だった。この前の背中のだるさがすっきりとれて、順調に走れた。風もまあまああったけど、いつもと同じように走れて、まずは良かった。このまま調子を保てるように走っていこう。

6月22日(水)	菅平合宿7日目	くもり

一日の総走行距離 36km

朝練習	走行距離	14km
	時　刻	6:10～7:20
	場　所	湿原

Jog 65分
腕立て×15回

本練習	走行距離	17.5km
	時　刻	16:00～18:05
	場　所	周回コースの2K→3Kポイント

1km×10本(3'15")
①3'12"
②3'09"
③3'13"
④3'10"
⑤3'13"
⑥3'10"
⑦3'14"
⑧3'12"
⑨3'15"
⑩3'09"

その他	時　刻	

walk 5分
Jog 30分(4.5km)
ほぐし
ウエイト

所感

今日は1kmのインターバルだった。風がやや強いのと坂の影響で、ちょっとぶれてしまい、フォームも乱れて背中がバリバリと張るような感じ。もうちょっと顔を前に向けて、腕もリラックスして走れたら、もっと良い感じで走れるのに…と後で言われて(走っている時もだけど)つくづく思った。

6月23日(木)	菅平合宿8日目	晴れ→くもり
一日の総走行距離28km		

朝練習

走行距離	12km
時 刻	6:10〜7:20
場 所	鳥居峠方面

Jog 60分 Free

本練習

走行距離	16km
時 刻	11:00〜12:30
場 所	いろいろ

Jog 80分 Free

その他

時 刻	

所感

今日は気持ち良くJogが出来た。昨日の1kmのときの背中、腰のハリがちょっとあるけど、まあまあほぐせたと思う。明日からしっかりやるぞ。

6月24日(金)	菅平合宿9日目	晴れ
一日の総走行距離32.5km		

朝練習

走行距離	14.5km
時 刻	6:10〜7:25
場 所	湿原

Jog 65分
腕立て×15回

本練習

走行距離	13km
時 刻	16:00〜17:40
場 所	サニアパーク

400m×15本
（P＝76"　R＝60"くらい）

その他

時 刻	10:30〜12:00

Jog 30分（5km）
補強C

所感

今日は、明日のための400mのインターバルだった。この前の体のきつさが、どこにいったのか、と思うくらい。だいぶ戻ってきたみたいだ。朝も3分55秒くらいで走っていたし、400mも、足がよく動き、リズム良く走れた。明日はしっかり今日のリズムを大切に走りたい。

6月25日(土) 菅平合宿10日目	晴れ
一日の総走行距離 35km	

朝練習	走行距離	14km
	時　刻	6:10～7:25
	場　所	湿原
	Jog 60分 腕立て×15回	

本練習	走行距離	16.5km
	時　刻	16:20～18:10
	場　所	周回コースの一部で
	3km＋2km＋2km＋1km (P＝3'15"/kmくらい) 9'18" 6'22" 6'09" 3'00"	

その他	時　刻	10:30～11:55
	Jog 30分(4.5km) 補強	

所感

今日は最後の追い込みの3km、2km、2km、1kmをした。下り坂、追い風など、ちょっと分からないが、まあまあリズム良くしっかり走れた。本当に1週間前とはえらい違いだと思う。このまま、体調を崩さず札幌に挑みたい。

6月26日(日)	晴れ
一日の総走行距離 27.5km	

朝練習	走行距離	13km
	時　刻	6:10～7:25
	場　所	鳥居峠方面
	Jog 65分(Free)	

本練習	走行距離	14.5km
	時　刻	10:45～12:10
	場　所	湿原
	Jog 70分	

その他	時　刻	夜
	腹筋50回×3本 背筋50回×3本	

所感

今日は昨日の疲れみたいなものが、背中にちょっとあるような感じがしたけど、脚の方はけっこう軽く、走りやすかった。レースまであと1週間、がんばるぞ!!

JUNE JULY

6月 **7月**

27 → 3

ベルリンマラソンまであと13週

1週間の走行距離
191km

ハーフマラソンに向けて調整練習。ピークをうまく合わせられず

　7月3日の札幌国際ハーフマラソンに向けた調整練習に入ります。ハーフは、トラックの1万mの延長のようなイメージで調整していくのですが、今回はレースに調子を合わせることができませんでした。ここまでの練習の流れからは1時間8分台で走れる練習はできていたのですが……。ただ、結果論になりますが、札幌ハーフが悔しい結果に終わったことで、かえって気持ちを切り替えることができました。もし札幌で結果が良かったら、ベルリンで日本記録は出ていなかったかもしれません。（廣瀬）

6月27日(月)

一日の総走行距離30.5km　　晴れ

朝練習

走行距離	14.5km
時　刻	6:00〜7:05
場　所	嵐山

Jog 60分
けんすい×10回

本練習

走行距離	16km
時　刻	17:00〜18:20
場　所	嵐山

Jog 60分
120m×10本 フロート

その他

時　刻	11:15〜12:10

ウエイト80％

所感

今日はJogとフロート。やっぱり京都の暑さはすごいと思った。朝から28℃もあって、体調に気をつけたい。

6月28日(火)		くもり	6月29日(水) 千歳1日目		晴れ
一日の総走行距離 27km			一日の総走行距離 26km		

朝練習	走行距離	14.5km	朝練習	走行距離	12km
	時　刻	6:00〜7:05		時　刻	6:00〜7:05
	場　所	河川敷		場　所	嵐山
	Jog 60分 けんすい×10回			Jog 60分 けんすい×10回	

本練習	走行距離	12.5km	本練習	走行距離	14km
	時　刻	17:00〜18:40		時　刻	16:30〜17:50
	場　所	西京極		場　所	千歳の公園
	400m×15本 （10本目まで：75"-74" 残り5本：74"-73"）			Jog 70分	

その他	時　刻	10:20〜12:10	その他	時　刻	
	Walk 10分 WalkとJog（5分ずつを30分） 補強A				

所感	今日は400mのインターバルだったが、ちょっと蒸し暑くてきつかった。フォームやリズムは良い感じなのに、ちょっと気持ち悪い。意識は1本1本大事に行こうと思っていたから、大丈夫…。	所感	今日から北海道に入った。京都と比べものにならないくらい涼しくて走りやすいから、最後の調整もしっかり走りたい。気持ちもばっちり高めていくぞ。

6月30日(木)		晴れ
一日の総走行距離30.5km		

	走行距離	13.5km
朝練習	時 刻	6:00〜7:05
	場 所	青葉公園

Jog 60分

	走行距離	9.5km
本練習	時 刻	11:00〜12:20
	場 所	自転車道路

2km＋1km（P＝6'20"、3'05"）
2km　6'12"
1km　3'00"

	時 刻	17:05〜17:45
その他		

Jog 40分（7.5km／青葉公園）

所感

今日は最後の調整だったが、リズムよく、あまり力みすぎず、まあまあ走れて良かった。空気も綺麗だし、気温も京都より低いから走りやすかった。この後もレースまでしっかり調整したい。

**6月TOTAL
走行距離
886km**

7月1日(金)		くもり
一日の総走行距離24.5km		

	走行距離	11km
朝練習	時 刻	6:15〜7:20
	場 所	青葉公園

Jog 60分 Free

	走行距離	13.5km
本練習	時 刻	11:00〜12:15
	場 所	青葉公園

Jog 70分 Free

	時 刻	10:30〜12:00
その他		

所感

今日から札幌に移動。いよいよ札幌ハーフだ。まだリラックスしているけど、けっこうワクワクしてきたみたい。秋のマラソンのことも考えた良い走りがしたい。

7月2日(土)		晴れ
一日の総走行距離 18.5㎞		

	走行距離	11.5km
朝練習	時 刻	6:15〜7:20
	場 所	北海道大学
	Jog 60分 Free	

	走行距離	7km
本練習	時 刻	11:00〜12:10
	場 所	円山競技場
	1000m×1本 3'03" 150m×5フロート 25"〜23"	

	時 刻	
その他		

所感	今日は刺激の1000mを1本と150mのフロートをやった。まあまあ余裕をもって走れた。状態としても軽すぎず、ちょっと重い感じで、ちょうど良いかもしれない。明日は次につながるようにがんばりたい。

7月3日(日)		晴れ
一日の総走行距離 34㎞		

	走行距離	9km
朝練習	時 刻	6:30〜7:20
	場 所	北海道大学
	Jog 45分	

	走行距離	25km
本練習	時 刻	12:30〜14:50
	場 所	円山競技場
	札幌国際ハーフ(21.0975km) 1°09'46"　3位	

	時 刻	夜
その他	腹筋50回×3本 背筋50回×3本	

所感	札幌ハーフに出場したが3位という結果に終わってしまった。しかも、日本人に負けてしまい、悔しい…。しかし、今の私には、こういうきついレースも必要だったと思う。去年からずっと良いと思うレースしかしていなくて、勝負に対するハングリーさがちょっと欠けていたのかもしれないし、このレースがきっとプラスになると思う！しっかり、がんばって走り込むぞ。

再度スピードを確認するために、6/11に韓国で3年ぶりに5000mのトラックレースに出場した。2着に終わり、ラストの切り替えなどに大きな課題を残した

							H 17 年 6 月 11 日 （ 土 ） 天気		

睡眠	就寝時間	23：00	TOTAL	低酸素室	安静脈拍数（起床時）		体重	起床時	40.5 kg	Hb
	起床時間	5：30						練習後	kg	g/dl
	充分・普通・不足		h		? 拍/分			体脂肪率	% 生理	日目

治療	場所	内容（時間）		便通	特記事項
	（治療院名・トレーナー名等）	マッサージ・鍼・灸　電気・整体 [： ～ ：]		軟・普・硬・無（ ）	
		超音波（ ）・サモア（ ）・低周波（ ）			

朝練習

練習開始時間	6：30	場所	ワールドカップスタジアム
練習終了時間	7：40	意欲	5・4・3・②・1

内容：

Jog60分（Free）

走行距離 13 km

本練習

練習開始時間	19：	場所	サムスントラック
練習終了時間	：	意欲	⑤・4・3・2・1

内容・結果：

サムスン電子 ディスタンスチャレンジ

15'42"　（2位）

走行距離 12 km

所感（トレーニング・体調・その他）

今日はサムスンのディスタンスチャレンジ5000mに出場した。3年ぶりの5000mだったが、今の5000mの力はどれくらいなのか、確認したかったが、最初からラスト1周までずっと引っ張ってラスト、スパッと切り替えられず、たった1周で7秒先も差をつけられてしまった。課題の多く残る試合となった。しかし、頭を切り換えてがんばるぞ！

コーチ '5.6.14

その他

練習開始時間	：	場所	
練習終了時間	：	意欲	5・4・3・2・1

内容：　ウェイト（ %） ／ 補強（ ）

走行距離 km

☆一日の総走行距離 26 km

	朝食	昼食	夕食	薬・サプリメント		
食事	寮食　・ごはん（1.5杯）・ソーセージ・ベーコン・目玉焼き・サラダ・オレンジ、スイカ	寮食	寮食	ヘマニック	錠/回 朝・昼・夕	
				ヘム鉄	錠/回 朝・昼・夕	
				フェロミア錠	1 錠/回 朝・昼・夕	
				シナール錠	1 錠/回 朝・昼・夕	
				バンビタン	錠/回 朝・昼・夕	
				キヨレオピン	1 C/回 朝・昼・夕	
					錠/回 朝・昼・夕	
					錠/回 朝・昼・夕	
	食欲	食欲	食欲	アミノバイタル・プロテイン・ジョグメイト		
	5・④・3・2・1	5・4・3・2・1	5・4・3・2・1	カルファ・田七・Feタブ・Cタブ・アイノン		

H 17 年 7 月 3 日 (日) 天気 晴れ

睡眠	就寝時間	22 : 30	TOTAL	低酸素室	安静脈拍数 (起床時)	体重	起床時	41.5	kg	Hb		
	起床時間	5 : 30	7 h				練習後	39.7	kg		g/dl	
	充分・普通・不足				48 拍/分		体脂肪率		%	生理		日目

治療	場所 (治療院名・トレーナー名等)	内容（時間）		便通	特記事項
	しば先生	マッサージ・鍼・灸・電気・整体 〔17:20～18:20〕		軟・普・硬・無 ( )	
		超音波( )・サモア( )・低周波( )			

朝練習	練習開始時間	6 : 30	場所	北海道大学
	練習終了時間	7 : 20	意欲	5・4・3・②・1
	内容: JOg 45分			
	走行距離 9 km			

所感（トレーニング・体調・その他）

札幌ハーフに出場したが、3位という結果に終ってしまった。しかも日本人に負けてしまい、悔しい…。しかし、今の私には、こういうきついレースも必要だったと思う。去年からずっと良いと思うレースしかしてなくて、勝負に対するハングリーさがちょっと欠けていたかもしれないし、このレースが、きっとプラスになると思う！いっぱいがんばって走り込むぞ。

本練習	練習開始時間	12 : 30	場所	円山
	練習終了時間	14 : 50	意欲	⑤・4・3・2・1
	内容・結果: 札幌国際ハーフ (21.0975km) 1°09'46"…3位			
	走行距離 25 km			

その他	練習開始時間	:	場所	
	練習終了時間	:	意欲	5・4・3・2・1
	内容: ウェイト(%) / 補強( )			
	走行距離 km	☆一日の総走行距離 34 km		

食事	朝食	昼食	夕食
	寮食	寮食	寮食
	食欲 5・4・3・2・1	食欲 5・4・3・2・1	食欲 5・4・3・2・1

薬・サプリメント			
ヘマニック		錠/回	朝・昼・夕
ヘム鉄		錠/回	朝・昼・夕
フェロミア錠	1	錠/回	朝・昼・夕
シナール錠	1	錠/回	朝・昼・夕
バンビタン		錠/回	朝・昼・夕
キヨレオピン	1	C/回	朝・昼・夕
		錠/回	朝・昼・夕
		錠/回	朝・昼・夕
アミノバイタル・プロテイン・ジョグメイト			
カルファ・田七・Feタブ・Cタブ・アイアン			

7/3に札幌国際ハーフマラソンに出場。得意のハーフマラソンで勢いをつけるはずが、平凡なタイムで、日本人選手にも敗れて3位に終わる。この結果で反骨心に火がつく

JULY

7月

4 → 10

ベルリンマラソンまであと12週

1週間の走行距離
205km

札幌ハーフの疲労抜きに重点

　この週は、札幌ハーフの疲労を抜くことに重きをおきました。翌週からは、いよいよスイス・サンモリッツで本格的なマラソントレーニングが始まります。そこに向けて、気持ちも切り替えていきます。
（廣瀬）

7月4日(月)	札幌→士別1日目	―
一日の総走行距離 21km		

朝練習
走行距離	11km
時　刻	6:30〜7:30
場　所	北海道大学

Jog 60分 Free

本練習
走行距離	10km
時　刻	17:15〜18:15
場　所	いろいろ

Jog 50分 Free

その他
時　刻	11:15〜12:10

ウエイト80％

所感
今日は昨日の疲れが一気にきた感じ。士別にいる間にしっかりとりたい。しっかり寝て（疲労をとる）、次に備えよう。

7月5日(火)	士別2日目	くもり
一日の総走行距離 30km		

朝練習

走行距離	13.5km
時　刻	6:30〜7:35
場　所	グラウンド、外

Jog 60分

本練習

走行距離	16.5km
時　刻	16:30〜17:55
場　所	クロカンコース

Jog 80分

その他

時　刻	

所感

今日はクロカンを走ったが、前より走りやすくなっていて、しかも表示も分かりやすくて、とてもいいコースだった。体は、まだちょっと疲れがある感じだった。

7月6日(水)	士別3日目	くもり
一日の総走行距離 34.5km		

朝練習

走行距離	13.5km
時　刻	6:30〜7:35
場　所	クロカンコース

Jog 60分

本練習

走行距離	17km
時　刻	16:00〜17:25
場　所	クロカンコース

Jog 80分

その他

時　刻	10:50〜12:00

Jog 30分(4km／ゆっくり)
ウエイト

所感

今日は、ちょっと走りがどんよりしていた。ペースは速くなってきたが、足がまだどんよりとして、ちょっと疲れが完全にとれていないのか？ と思ったが、そうではないかな？ とも思う。

*7*月 *7*日(木)	士別4日目	くもり
一日の総走行距離31km		

<table>
<tr><td rowspan="5">朝練習</td><td>走行距離</td><td>14km</td></tr>
<tr><td>時　刻</td><td>6:30〜7:35</td></tr>
<tr><td>場　所</td><td>クロカンコース</td></tr>
<tr><td colspan="2">Jog 60分
けんすい×10回</td></tr>
</table>

<table>
<tr><td rowspan="5">本練習</td><td>走行距離</td><td>17km</td></tr>
<tr><td>時　刻</td><td>16:30〜17:55</td></tr>
<tr><td>場　所</td><td>グラウンドの坂と羊の丘方面</td></tr>
<tr><td colspan="2">Jog 80分</td></tr>
</table>

<table>
<tr><td rowspan="2">その他</td><td>時　刻</td><td></td></tr>
<tr><td></td><td></td></tr>
</table>

所感　今日はリラックスしてリズム良く走れた。午前中リフレッシュもでき、午後のJogは、気持ちの良い空気を吸いながら走れて、この後のマラソン練習に入る前にリセットできたかも！がんばるぞ!!

*7*月 *8*日(金)	士別5日目	―
一日の総走行距離20.5km		

<table>
<tr><td rowspan="4">朝練習</td><td>走行距離</td><td>20.5km</td></tr>
<tr><td>時　刻</td><td>6:00〜7:35</td></tr>
<tr><td>場　所</td><td>クロカンコース</td></tr>
<tr><td colspan="2">Jog 90分</td></tr>
</table>

<table>
<tr><td rowspan="3">本練習</td><td>走行距離</td><td></td></tr>
<tr><td>時　刻</td><td></td></tr>
<tr><td>場　所</td><td></td></tr>
</table>

<table>
<tr><td>その他</td><td>時　刻</td><td></td></tr>
</table>

所感　今日は、朝1回で、士別から京都に戻る。今朝は雨が降っていて、気温も低かったから体調には十分気をつけたい。

7月9日(土)		くもり
一日の総走行距離 38.5km		→雨

朝練習	走行距離	15.5km
	時　刻	6:00〜7:15
	場　所	嵐山
	Jog 70分 けんすい×10回	

本練習	走行距離	23km
	時　刻	16:00〜17:55
	場　所	河川敷
	20km野外走 　5km　　18'24" 　10km　　18'24"（36'36"） 　15km　　18'19"（54'56"） 　20km　　17'50"（1°12'50"）	

その他	時　刻	

所感

今日は野外走だった。久々だったからちょっと心配だったが、ペースもリズムも、まあまあ走れたと思うが、最初のリズムがちょっと変だった。たまりバネだからだろうと思った。

7月10日(日)		くもり
一日の総走行距離 29.5km		

朝練習	走行距離	13.5km
	時　刻	6:00〜7:15
	場　所	嵐山
	Jog 70分 けんすい×10回	

本練習	走行距離	16km
	時　刻	16:30〜18:10
	場　所	嵐山
	Jog 80分	

その他	時　刻	

所感

今日はFreeJog。ゆっくりリラックスして走れた。午後はちょっと人が多かったけど、時間を忘れて走れてよかった。良い感じ、良い感じ!!

101

食べることは、質の高い練習のための必要不可欠な準備です

自己流の減量で貧血に。
体重だけにこだわらないようになる

現役選手のときに「減量」を意識したのは、一度きりでした。ワコールに入社した1、2年目のときです。高校の部活動を引退した後、入社するまでに休む期間があって、少しぽっちゃりとしてしまいました。それを自己流で減らそうとしたのです。サウナスーツを着込んで走ったり、エアロバイクに乗ったり。サウナにも入りました。汗がたくさん出ますから、体重はその直後には減るのですが、体内の脂肪が燃焼するのではなく、水分が減っているだけなので、水分補給をすればすぐに戻っていました。

食事も、白いご飯は食べるとずっしりくるから体重が増えるような気がして、よく残していました。間違いだらけのこの減量法を1年以上続けていたのですが、体重もなかなか減らず、かなりつらい状態でした。

しかもその頃は、走ると脚のあちらこちらが痛くなっていました。今だからわかるのですが、汗を無理やり出すごとで、体内の多くの栄養分が失われていくのですよね。だから故障しやすい体になってしまう。骨はもろくなるし、貧血にも陥りやすくなります。

実際に、社会人3年目の数カ月間、貧血状態になったことがありました。私はもともとヘモグロビンの値が高くないのですが、それが10.6g／dℓくらいになってしまいました※。常に低血糖の状態が続いている感じで体がフラフラになり、走ることだけでなく、階段の上り下りもつらくて、本当にきつかったです。これも、それ以前の2年間の間違った減量法の影響だったと思います。

体重が減らず、貧血になったことで、「これではだめだ」と思い至りました。それで、逆にしっかりと食べて、動きやすいようにできるだけ軽装で走るようにしました。最初は「これでは体重が減らないのでは」という不安があったのですが、むしろ、どんどん体が絞れていきました。そもそも、その頃は体重計の数字ばかりを気にしていたのですが、それはあまり重要ではないのですね。それよりも脚の太さとか、引き締まっているかなど、筋肉の具合のほうが大切だったのです。

自炊生活で実感した食事の重要性。
「しっかり食べる、走り込める、自然と食欲がわく」の好循環に

食事や体づくりに対して意識が大きく変わったのが、社会人3年目のときでした。「プロ意識」が芽生えたのだと思います。ワコールからグローバリーへと所属先が変わるときに数カ月間のブランクがあったのですが、

スイス・サンモリッツ合宿での食事風景。ホテルでのバイキング形式になっていて、自ら必要な量、食品を選んでいた。自炊時代に食への意識が高まり、栄養の知識を学んだことが、その後、遠征先でも適切に食事を選びとれることにつながっている

※編集注：一般的に男性は13g／dℓ、女性は11g／dℓ以下になると貧血と診断される

その間は自分たちで食事を作っていたのです。そこでまず、1日3食を作るというのは大変なのだということが分かりました。そして、自分で作って食べてトレーニングを重ねることで、食べたものが身体の一部になり体を動かしている、という原理を実感できるようになりました。

それからは、栄養と体づくりについての知識を積極的に得るようになりました。体内の筋肉量を増やすことで代謝が良くなり、体脂肪が減るということも理解しました。この時期に、よりよく走るために、しっかり食べて筋トレもする――という心構えができあがっていったと思います。

数カ月間の自炊生活のあとにグローバリーに所属することが決まり、栄養士さんが来てくださって、寮の食事が復活しました。そのときには、食事が選手の体のことを考えて作られているということを理解できていましたし、作っていただけるのがありがたくて、必ず残さず食べていました。

自炊生活の間に、しっかり食べて、かなりの距離を走るようになると、体も変化していきます。グローバリーに所属してすぐに、犬山ハーフマラソン（1999年）で初ハーフを走ったのですが、予想以上の良い結果を出すことができました。

そこからは、走り込みができるようになり、自然に食欲も出て、いい循環ができていきました。「減量」という言葉はこの頃には頭から消え去り、より良く練習するためにはどうするか、ということばかりを考えていました。食事はそのための大切な準備のひとつとして、捉えるようになりました。

そして、だんだんと自分の感覚も研ぎ澄まされていきました。自分の身体の中にアンテナを張り巡らせて、必要なものや不足しているものを積極的に取り入れるようになっていきます。基本は、寮食を残さず食べることでした。監督やコーチ、マネージャーが管理栄養士の方と頻繁にミーティングをして考えてくださった、肉や魚、野菜、豆類、海藻、乳製品など、できるだけ多くの食材を使った、バランスのとれたメニューです。

マラソンのための練習を積めるようになり、トレーニングの質も量もレベルアップしてくると、「食事がちょっと足りないかな」と感じることがあるようになりました。そういうときは、「もう少し増やしてほしい」というリクエストを自分ですることがありました。たんぱく質やビタミンなど、細かい部分を要望するようにもなりました。

2005.7.17〜24 スイス・サンモリッツ合宿での食事

	朝食	昼食	夕食	薬・サプリメント	主な練習内容
7/17	パン3個 スクランブルエッグ ソーセージ、ハム グリーンピース ヨーグルト ミルクコーヒー 紅茶	ご飯 ポテトスープ サラダ(サーモン、ツナポテト、カニかま) ソーセージ 牛肉ときのこのホワイトソースの炒めもの 白身魚のソテー	ご飯 サラダ(エビ、ツナ、ポテト、トマト) 豚肉 じゃがいも	キョーレオピン コンドロイチン Caタブ アミノバイタル ジョグメイト アイアン(G-MAX)	30km走
7/18	卵のおかゆ パン1個 スクランブルエッグ ソーセージ、ハム ブルーベリーヨーグルト オレンジジュース ローズヒップティー	ご飯 トマトスープ サラダ(ツナ、カニかま) 豚肉 白身魚 フルーツ	ご飯 ラビオリみたいなパスタ ハンバーグ 豚肉のソテー(小) きゅうりのソテー サラダ(ツナ、レタス、タコ)	フェロミア錠 シナール錠	フリーJog
7/19	パン3個 スクランブルエッグ ソーセージ、ハム グリーンピース ヨーグルト ミルクコーヒー 紅茶	ご飯 スープ ハムのような肉 鮭のソテー じゃがいものふかし いんげんのソテー サラダ(ツナ、トマト、サーモン) フルーツミックス	ご飯(ツナのせ) スープ ハム肉、豚肉 鮭のソテー じゃがいものふかし ブロッコリー パイナップル	フェロミア錠 シナール錠 Caタブ コンドロイチン アミノバイタル ジョグメイト	2000m ペース走
7/20	パン2個 クロワッサン ベーコン、ハム スクランブルエッグ ゆで卵 プラムヨーグルト ローズヒップティー ミルクコーヒー	ご飯 スープ 肉巻きソーセージ スペアリブ ズッキーニのグラタン じゃがいものサイコロソテー ツナトマトサラダ フルーツ	ご飯 いんげんのソテー ズッキーニのグラタン風 豚ときのこのクリームあえ スペアリブ 白身魚 ツナ、カニかま じゃがいもサイコロソテー フルーツ	フェロミア錠 シナール錠 コンドロイチン Caタブ アミノバイタル	400mインターバル
7/21	パン2個 クロワッサン ハム、ソーセージ スクランブルエッグ ストロベリーヨーグルト 紅茶 カフェオレ	ご飯 チキンスープ タンドリーチキン ゆでたじゃがいも サラミみたいなもの サラダ(ツナ、カニかま、スイートコーン) フルーツミックス	ご飯 サラミの大 タンドリーチキン(カレー風) ポテト ピーマンの炒めもの レタス、小エビ、カニかま、レモン	Caタブ	フリーJog
7/22	パン2個 クロワッサン ハム、ベーコン スクランブルエッグ プチトマト ヨーグルト 紅茶 ミルクオレ	ご飯 牛肉、うさぎの肉 フライドポテト なすの煮もの パスタ サラダ(モッツァレラチーズ、ツナ、ソーセージ) フルーツミックス	味付けご飯 ポテトスープ ソーセージ 鶏肉の照り焼き じゃがいも(ジャーマンポテト) 温野菜、カッテージチーズ きのこと鶏肉のクリーム煮 フルーツミックス	Caタブ コンドロイチン プロテイン	120分Jog
7/23	パン2個 クロワッサン ハム、ソーセージ スクランブルエッグ ヨーグルト ミルク、紅茶 アップルジュース	ご飯、パスタ 鶏肉、お肉 玉ねぎと青菜のクリーム煮 フルーツミックス	ご飯2杯 ソーセージ 鶏肉、たこのマリネ 豚肉ときのこのクリーム煮 青菜のクリーム煮 じゃがいものソテー フルーツミックス パンナコッタ(小)	フェロミア錠 シナール錠 キョーレオピン Caタブ アミノバイタル ジョグメイト アイアン(G-MAX)	40km走
7/24	パン1個 クロワッサン ベーコン、ハム プチトマト スクランブルエッグ	ごはん、パスタ 豚肉 カレー風チキン ポテト ズッキーニ サラダ、トマト、チーズ	ごはん、パスタ 鶏肉の唐揚げ 豚肉 ポテト ツナ サラダ	フェロミア錠 シナール錠	フリーJog

ご飯は2膳以上が基本で
練習によって微調整

　2002年に初めてフルマラソンを走り、マラソン練習がしっかりできるようになってからは、ご飯は毎食、必ず2膳以上が基本になりました。それを練習内容によって微調整しました。

　例えば、40km走を行った日の夕食は、2膳以上をしっかり食べます。また、当日に長距離を走っていなくても、次の日がポイント練習で高い負荷の練習のときは、同様にしっかりとご飯を食べます。

　夕食を軽めにするのは（とはいえ1膳はしっかり食べますが）、ショートのスピード系の練習を行った日で、翌日も負荷の軽い練習だと分かっている場合などです。

　また、フリージョグだけの日は、いつもより少し量を落としました。

　中距離、ハーフマラソン、マラソンと段階を踏んで練習してきたので、実感があるのですが、マラソンになると確実にトレーニング量が増えて、もうちょっと補給したいな、という感じになるのです。

　とにかく、私はエネルギー切れになってしまうのがいやでした。常に、質の高い練習をしたかったのです。朝食前の練習では、始まる1時間前には起きて、ストレッチなどの準備をしておくのですが、食事は前日から行う大切な準備のひとつでした。

　距離走などを行うときは、補食を持っていき、カロリーメイトやジョグメイト（プロテインを含んだゼリー）を走る直前に摂っていました。

　アテネ五輪の直前にスイスのサンモリッツで合宿をしているときには、朝食前の練習の直前に、サバの缶詰を食べたことがあります。いつものようにスタート1時間前に起きると、おなかが空いていて「いい走りができなかったらどうしよう」と不安になったからです。朝の練習は、アップダウンのある山道をキロ4分くらいで1時間ほど、約15km走るのですが、やはりしっかり走って気持ちのいい練習をしたかったので、起き抜けにオレンジジュースとサバ缶を食べました。走っているときに少しだけサバの風味がのどに上がってくることがありましたが、気持ち悪くなったりすることもなく、しっかりと走れました。

　練習のときに「今日はこう走りたい」とイメージしても、体がついていかなくては意味がありません。それはメンタルの強さだけでは実現しません。しっかりと食べて、動かせる体になっていることが何よりも大切だと思います。

ベルリンマラソン前のサンモリッツ合宿での1週間の食事メニュー。炭水化物、たんぱく質、野菜をたっぷりと食べるのが毎日の基本だが、インターバル、40km走など負荷の高い練習の前は量を増やしたり、フリージョグの日は少し量を落としたりするなど、微調整していた

月1度の採血で体内チェック。
不足しているものはサプリメントで補う

　このように、とにかくたくさん食べていたのですが、それだけで補えないものは、サプリメントの力も借りていました。摂っていたのは鉄分とアミノ酸、コエンザイムQ10、プロテインなどです。

　私はヘモグロビンの値がいつも11〜12g／dℓであまりいい数値ではなかったので、貧血予防が必要でした。また、体内の総たんぱくの値も標準より低かったため、積極的にプロテインを摂っていました。摂っていたタイミングは筋トレ後というよりは、ポイント練習で長い距離を走った後などで、水に溶かすタイプのプロテインを摂りました。体内の値こそ低かったものの、貧血を防ぎ、筋力をつける助けになっていたと思います。

　1カ月に1度、定期的に採血をして体の状態をチェックしていたのも良かったです。採血によって、ヘモグロビンや総たんぱくの値などが分かるのですが、これらのデータは、体の成績表のようなものです。その成績は、しっかり食べることで上げていくことができます。サプリメントも、バランスの良い食事という土台があった上での効果だったと思います。

控えるのではなく、食材を選ぶ。
故障のときこそ「体づくり」を意識する

　故障のときも食べなければ回復できませんから、食べることを控えるというよりは、食べるものを選んで、食べた分をどう消費するかを気にかけるようにしていました。

　2008年の北京五輪を欠場した後に故障が長引いたときも、寮の食事は若手の選手たちと同じメニューを残さず食べていました。その上で、筋肉や骨の材料になるような、鶏のささみなどの低脂肪でたんぱく質が多く含まれるものを積極的に摂っていました。また、走る練習ができなかったので、とにかく食べた分だけ動くように心がけていました。脚を少しでも動かしたいので、食べた後にちょっと散歩に出かけたりとか、状態が少し良くなってきたらウォーキングをしたり。加えて、いつも行っている腹筋、背筋の回数を多めにしたりもしました。

　北京の後の故障が長引いたとはいえ、リハビリを行い、なんとか走れるようになって、息の長い競技生活を送ることができたのは、しっかり食べて、強健な体の基礎ができていたからではないかと思います。

第3章

ベルリンマラソンで日本記録を樹立する
［鍛錬期］

本格的なマラソントレーニングに入る前の
札幌国際ハーフマラソンでまさかの3位という結果に終わったが、
これで野口のスイッチが入った。そして、スイス・サンモリッツへ。
前年よりもさらに強度の高い練習を着実にこなし、
ベルリンマラソンのスタートラインに立った。

2005　恒例となったレース直前のサンモリッツ合宿

2005　「世界一の練習」で日本新記録を達成

ベルリンマラソンまでの練習メニュー（本番まで11週〜当日）

ベルリンマラソン後1週間の練習メニュー

※実際の練習日誌から転載しました

恒例となったレース直前のサンモリッツ合宿

過去のデータを参照しながら、一段高い練習に取り組む

2005年の前半は、あまりパッとしなかったかもしれません。でも、目標レースのベルリンマラソンが近づくにつれて、どんどん調子を上げていくことができました。これまでの経験を生かして、しっかり集中して取り組めていたのだと思います。

オリンピックで金メダルをとっても、私の中にある反骨心のようなものは全然変わることがなく、札幌国際ハーフマラソンでそのことを再確認できました。藤田監督も廣瀬コーチも、そのような私の性格を見抜いて、言葉をかけてくれたり、指導をしてくれたりしていたのだと思います。一度の敗戦のおかげで、やる気にいっそう拍車がかかった状態で、覚悟をもって、ベルリンマラソン前のサンモリッツ合宿に臨むことができました。

サンモリッツという土地でトレーニングを積むことができたことも本当に良かったと思っています。たびたび訪れた中国の昆明では、三井住友海上の渋井陽子さんや土佐礼子さんも合宿をしており、その練習内容を耳にしては対抗心を燃やしたものでした。同じように、サンモリッツにはヨーロッパ全土から強い選手が集まってきていて、「こんなタイムで走っているんだ！」というのを目の当たりにしては、練習でどんなに手応えを得られようとも「私の力なんてまだまだだ」と気を引き締めることができました。

東京五輪男子マラソン日本代表の大迫傑選手がアメリカに渡った当初、ゲーレン・ラップ選手（アメリカ）やモハメド・ファラー選手（イギリス）ら世界のトップ選手と練習を一緒に行う機会を得てそうだったように、自分よりも力のある選手の姿を見ていると、向上心を高く保ち続けることができました。

パリ世界陸上やアテネ五輪の前にもサンモリッツで合宿を行っていたので、過去の練習日誌から重要な練習のタイムや気になっていた点などをメモして持っていきました（さすがに、過去の日誌を何冊も持っていくのは、荷物になるので、抜粋していきました）。ベルリンマラソンは、記録への挑戦となります。アテネのときの練習を超えなければなりません。一段高い練習を可能にするためには、比較する素材がたくさんあったほうが目標を設定しやすいですし、やりがいにもつながりました。

サンモリッツでは、脚づくりをしっかり行うことから始めました。まずは足首周りの強化を兼ねて、積極的に山道を選んでロングジョグをしました。ロングジョグは、どちらかというと、あまり好きではないのですが、山々に囲まれたサンモリッツは景色に飽きずに走ることができるので、好きでした。自分でジョギングコースを開拓しながら走るのが、本当に楽しかったです。

左上／サンモリッツを初めて訪れたのは
2003年のパリ世界選手権の前。この頃
は廣瀬コーチが先導で走り、練習を引っ
張ることが多かった　右／2004年頃の
サンモリッツ合宿で壮大な景色の中を走
る。ロードでの距離走は廣瀬コーチが自
転車で伴走し、フォームの崩れなどをチェッ
クしていた　左下／何度も訪れるうちに
顔見知りもできた。左から、トレーナー高
橋美穂さん、廣瀬コーチ、現地で親しく
なったベッティ・オッタビオ氏、野口

一つ一つの練習に手応えと反省点。どちらも受け止め、ステップアップ

　サンモリッツ合宿は、パリ世界陸上やアテネ五輪の前と、練習の組み立て方は大きく変わらなかったのですが、当然ステージは一段高いものになっています。ひとつのステージをクリアするごとに、ネクストステージは難易度が上がり、まるでテレビゲームを攻略していくようで、楽しかったです。過去の練習を指標にしていましたが、同じ練習に取り組んでいるという感覚はまったくありませんでした。

　それに、かつては新鮮に見えていた景色が、どんどん「自分の景色」になっていくのを感じましたし、同じ景色のようでも新たな発見があり、面白かったのです。

　全体の流れを見ると、着実にステップアップしながら、順調に練習をこなせているように思いました。でも、1回1回の練習には、必ずと言っていいほど、反省すべき点がありました。

　例えば、サンモリッツでの最初の40km走の後、フリージョグの日を挟んで、翌々日に1kmのインターバル（10本）を行っています。40kmを走った後の体でどのくらい体が動くのかを確認する意味でも、本来であれば、翌日にインターバルができれば良かったな、と思いました。300mなどのショートインターバルは、動きが良くないと感じたら実施していました。だから、動きを

意識することが大事であり、設定タイムでこなせても、満足するわけにはいきませんでした。

　ちょうど合宿中盤の中だるみする時期には、監督やコーチから目の覚めるような言葉をもらっています。

　「一つ一つのトレーニングの主旨を理解して取り組む」（藤田監督）

　「自分自身の陸上競技なのだから、一つ一つのことに対して理解、納得してトレーニングを行っていかないと、競技力は伸びていかない」（廣瀬コーチ）

　私自身、一つ一つの練習に手応えや自信を得ることがあっても、それはそのときだけのものであり、それらを超えていかなければ強くなれないと自分に言い聞かせていました（良い練習をできたときには、もちろん、うれしさは大きかったのですが）。現状に甘えることなく、向上心を失わないように。私がいつもそう心がけることができたのは、藤田監督や廣瀬コーチのおかげだったと思います。私が慢心を少しでものぞかせたり、何か悪い点があったりしたら、必ず指摘してくださっていました。

　とはいえ、一つ一つの練習をこなし、自信を植え付けていくのも大事なことです。記録との勝負となると、ペースメーカーが付いてくれるものの、孤独感や未知の領域に踏み入れることへの不安と戦わなければ

なりません。実際に、日本記録を樹立した2005年のベルリンマラソンでは、2時間19分台を目標に設定し、ペースメーカーを頼りにして走っていたのですが、そのスピードを本当に持続できるのかどうかという不安との戦いが大きかったです。そういった点がそれまでのレースとは違っており、練習で得た自信は、心の拠りどころになっていました。

この合宿では、最終段階で自信を深めることができました。最後の40km走を2時間23分15秒のコースレコードで走破。気候が良かったのもありますが、5kmを約17分50秒のイーブンペースで、一定のリズムを保って走ることができました。

さらに仕上げに行った20km走では、最初の5kmこそ16分34秒と突っ込みすぎた上に10〜15kmは風の影響もあって17分かかったものの、設定ペース（5km17分10秒）よりも落ちることはなく、トータルでは1時間7分25秒で走ることができて、良い締めくくりになりました。

もちろん、この合宿中の練習がすべて良かったわけではありません。8月25日の40km走は、強風が吹いたため力んでしまい、後半ふらふらになって35kmでやめています。練習日誌には、途中のタイムさえ記していません。でも、実は03年の大阪国際マラソン前の昆明合宿でも同じように40km走の途中でリタイアしたことがありました。調子が良いときほど、こういったアクシデント

に見舞われることが、これまでにもあったのです。私は完璧主義者なので（笑）、「自分の首を絞めることをしてしまった」と日誌にも書いているように、この日ばかりは落ちこみました。でも、宿舎に戻って、部屋の中で一人になって泣いてしまえば、落胆の気持ちは涙とともに流れて、その翌日には気持ちがすっきりと切り替わっていました。

そして、その8日後の40km走や最後の20km走でコースレコードをたたき出し、調子が上がってきていることを確認したことで、自信を持ってベルリンマラソンに臨むことができました。日本記録更新を成し遂げるために敢行した60日間のサンモリッツ合宿は、確かな手応えを得ることができ、充実したものになったのでした。

濃密なサンモリッツでの2カ月間を過ごして、いよいよベルリンです。サンモリッツから直接ベルリンに移動したほうが負担は小さいのですが、合宿を終えた後に一度帰国し、京都に戻りました。おそらく一度リフレッシュしたほうがいいのではというスタッフ陣の配慮があったのだと思います。合宿で使用したウエア類やシューズをベルリンマラソンで使うものへと入れ替えていくと、レースが近づいてきていることを実感しました。

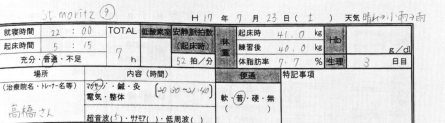

st.moritz ⑨　　　　　　H 17 年 7 月 23 日（土）　天気 晴れ→小雨→雨

睡眠	就寝時間	22：00	TOTAL	低酸素室	安静脈拍数（起床時）	体重	起床時	41.0 kg	Hb	g/dl
	起床時間	5：15	7 h		52 拍/分		練習後	40.0 kg		
	充分・普通・不足						体脂肪率	7.7 %	生理	3 日目

治療	場所（治療院名・トレーナー名等）	内容（時間）	便通	特記事項
	高橋さん	マッサージ・鍼・灸　電気・整体 〔20:30~21:40〕 超音波(5)・サウナ( )・低周波( )	軟・普・硬・無 ( )	

朝練習	練習開始時間	6：15	場所	山道
	練習終了時間	7：30	意欲	5・4・③・2・1

内容：　腕立て×15

　　　JOG 70分

走行距離　15 km

本練習	練習開始時間	15：15	場所	サメダン 5・3k
	練習終了時間	18：25	意欲	⑤・4・3・2・1

内容・結果：　15:35 スタート

　40km　　　　　TOTAL 2°28'41"

　　5km　18'46"
　　10km　37'37"（18'51"）
　　15km　56'26"（18'49"）
　　20km　1°15'12"（18'46"）
　　25km　1°13'51"（18'39"）
　　30km　1°52'07"（18'16"）
　　35km　2°10'28"（18'21"）
　　40km　2°28'41"（18'13"）

走行距離　43 km

その他	練習開始時間	10：00	場所	トレーニングルーム
	練習終了時間	11：40	意欲	⑤・4・3・2・1

内容：　ウェイト（　　 %）／補強（　　　）
①腹筋×50　バタ足×100③三角×20
背筋×50　背筋力×50　ロシアンツイスト
腕立て×15　腕立て×15　5+5×30
カーレイズ×30　スクワット×20　ディップス×20
①③ 35　レッグプレス 50+10×3

Walk 40分

走行距離　　km

☆一日の総走行距離　58 km

所感（トレーニング・体調・その他）

今日はこっちに来て今回初めての40km
また、久々の40kmだった。

風はけっこう強かったが、雲が多くて
気温も低く、走りやすかった。広瀬さんが
向かい風の所を風よけになってくれたの
が一番、走りやすかった要因だと思う。
体の調子も良く、足の方も、まあまあだから
油断はせず、しっかり走りたい。

天候のことを考えるとまずまずの走りが出来て
いると思うが、安定して走れる走力を身につけて
いこう。

広瀬　⑦

	朝食	昼食	夕食
食事	寮食	寮食	寮食
	パン×2	・ごはん	・ごはん×2
	クロワッサン	・パスタ	・ソーセージ
	ハム、ソーセージ	・鶏肉×2	・鶏肉、たこのマリネ
	スクランブルエッグ	・お肉(?)	・豚肉と木の子のクリム煮
	ヨーグルト	・玉ねぎと青菜のクリム煮	・青菜のクリーム煮
	ミルク	・フルーツMIX	・じゃが芋のソテー
	紅茶、アップルジュース		・フルーツMIX パンナコッタ(小)
	食欲 5・④・3・2・1	食欲 ⑤・4・3・2・1	食欲 ⑤・4・3・2・1

薬・サプリメント		
ヘマニック	錠/回	朝・昼・夕
ヘム鉄	錠/回	朝・昼・夕
フェロミア錠	1　錠/回	朝・昼・⑨
シナール錠	1　錠/回	朝・昼・⑨
バンビタン	錠/回	朝・昼・夕
キョレオピン	1　C/回	朝・昼・⑨
Caタブ	2　錠/回	⑨・昼・⑨
	錠/回	朝・昼・夕
アミノバイタル・プロテイン・ジョグメイト		
カルファア・田七・Feタブ・Cタブ・アイアン		
PG-MAX		

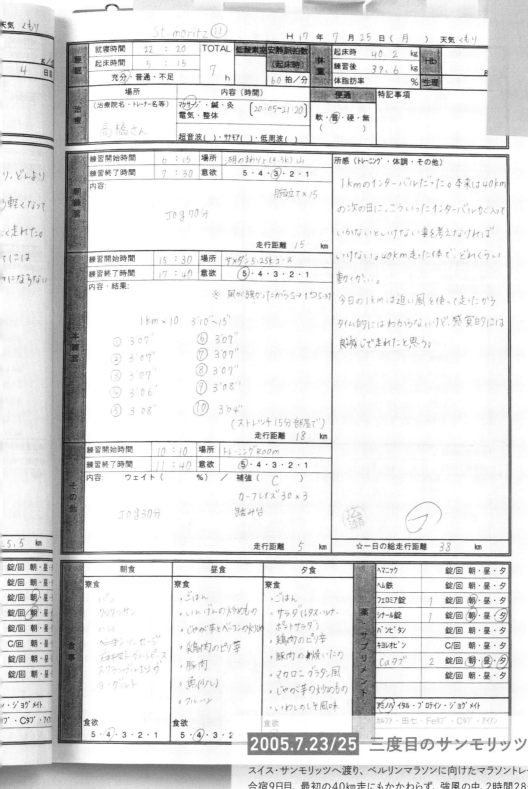

St. moritz ⑪ H17年 7月 25日(月) 天気 くもり

睡眠	就寝時間	22 : 20	TOTAL	低酸素室	安静脈拍数 (起床時)	体重	起床時	40.2	kg	Hb	
	起床時間	5 : 15	7 h				練習後	39.6	kg		
	充分・普通・不足				60 拍／分		体脂肪率		%	生理	

治療	場所 (治療院名・トレーナー名等)	内容(時間)		便通	特記事項
	高橋さん	マッサージ・鍼・灸 電気・整体　〔20:05~21:20〕 超音波( )・サマオ( )・低周波( )		軟・普・硬・無 ( )	

朝練習

練習開始時間	6 : 15	場所	湖のまわりと(4.3k)山
練習終了時間	7 : 30	意欲	5・4・③・2・1

内容：
腕立て× 15

Jog 70分

走行距離 15 km

本練習

練習開始時間	15 : 30	場所	サメダン5.25kコース
練習終了時間	17 : 40	意欲	⑤・4・3・2・1

内容・結果：
※ 風が強かったから S→↑↑ S→↑

1km×10　3'10~15"

① 3'07"　　⑥ 3'07"
② 3'07"　　⑦ 3'07"
③ 3'07"　　⑧ 3'07"
④ 3'06"　　⑨ 3'08"
⑤ 3'08"　　⑩ 3'04"
　　　　(ストレッチ15分部屋で)

走行距離 18 km

その他

練習開始時間	10 : 10	場所	トレーニングROOM
練習終了時間	11 : 40	意欲	⑤・4・3・2・1

内容： ウェイト(%) ／ 補強 (C)
カーフレイズ 30×3
Jog 30分　踏み台

走行距離 5 km

☆一日の総走行距離 38 km

所感 (トレーニング・体調・その他)

1kmのインターバルだった。本来は40km
の次の日に、こういったインターバルが入って
いかないといけない事を考えなければ
いけない。40km走った体で、どれくらい
動くか…。
今日の1kmは追い風を使って走ったから
タイム的にはわからないけど、感覚的には
良い感じで走れたと思う。

	朝食	昼食	夕食	薬・サプリメント			
食事	寮食 パン クロワッサン ハム チキンソーセージ ミニトマト グリーンピース スクランブルエッグ ヨーグルト	寮食 ・ごはん ・いんげんの炒めもの ・じゃが芋とベーコンの炒め ・鶏肉のピリ辛 ・豚肉 ・魚(少し) ・プルーン	寮食 ・ごはん ・サラダ(レタス・ツナ・ ポテトサラダ) ・鶏肉のピリ辛 ・豚肉の味焼いたの ・マカロニ グラタン風 ・じゃが芋の炒めもの ・いわしのしそ風味	ヘマニック		錠/回 朝・昼・夕	
				ヘム鉄		錠/回 朝・昼・夕	
				フェロミア錠	1	錠/回 ⑧・昼・夕	
				シナール錠	1	錠/回 ⑧・昼・⑨	
				パンビタン		錠/回 朝・昼・夕	
				キョレオピン		C/回 朝・昼・夕	
				Caタブ	2	錠/回 ⑧・⑧・⑨	
						錠/回 朝・昼・夕	
	食欲 5・④・3・2・1	食欲 5・④・3・2・1	食欲	アミノバ・イタル・プロテイン・ジョグメイト カルファ・田七・Feタブ・Cタブ・アイアン			

2005.7.23/25　三度目のサンモリッツ

スイス・サンモリッツへ渡り、ベルリンマラソンに向けたマラソントレーニングに入る。
合宿9日目、最初の40km走にもかかわらず、強風の中、2時間28分41秒とまずま
ずのタイムで走ることができた。2年前(パリ世界陸上の前、39ページを参照)と比
較すると、いかに強度が上がっているかが分かる。翌々日には1kmのインターバル
を実施。追い風を利用して、設定タイムよりも速くこなせた。だが、本来であれば、
40km走の翌日にセット練習として行いたかった。

JULY

7月

11 → 17

ベルリンマラソンまであと11週

1週間の走行距離
260km

**本格的なマラソントレーニングへ。
高所順化はいつもより慎重に**

　サンモリッツに出発する前に、京都でもポイント練習を行っています。蒸し暑さが大敵となりました。そして、サンモリッツへ移動し、本格的なマラソントレーニングに入ります。心肺機能が強い野口は、高地順化にそれほど時間を要しませんが、それでも昆明合宿と比べると、合宿の入りは慎重に行いました。とはいえ、合宿3日目の30km走はキロ3分50秒ペースに設定していたはずなのに、それよりもはるかに速いペースでこなしてしまいました。

文／廣瀬永和(当時コーチ)

[表記について]　R＝レスト　P＝設定ペース
コーチより：廣瀬永和(当時コーチ)からのコメント
監督より：藤田信之(当時監督)からのコメント

7月11日(月)　　　　雨→くもり
一日の総走行距離 36.5km

朝練習	走行距離	11.5km
	時　刻	6:00〜6:50
	場　所	三条アーケード

Jog 50分
腕立て×15回

本練習	走行距離	22km
	時　刻	16:35〜18:20
	場　所	NTTグラウンド

18000mペース走
(P＝92"-88"-84"/400m)
※2000mごとにペースを変える
TOTAL 65分

フロート　120m×5本

その他	時　刻	10:40〜12:15

Jogとwalk 30分(3km)
ウエイト80％

所感
今日は18000mのペース走だった。蒸し暑くて、最初の1サイクルは気持ち悪いくらいだったが、走っているうちに何とか持ち直した。その後は普通に走れたけど、ちょっときつかった。でも、がんばらないと!!

*7*月*12*日(火)	小雨→
一日の総走行距離30.5km	くもり

朝練習	走行距離	14.5km
	時　刻	6:00〜7:10
	場　所	嵐山
	Jog60分 けんすい×10回	

本練習	走行距離	16km
	時　刻	16:30〜18:15
	場　所	河川敷
	1km×9本 ①3'06" ②3'09" ③3'04" ④3'10" ⑤3'04" ⑥3'12" ⑦3'04" ⑧3'12" ⑨3'03"	

その他	時　刻	
	補強A	

所感	今日は1kmのインターバルをやった。どうしても肩が上がって、力んでしまって、向かい風のところは廣瀬さんに注意されていることにも反応しにくくなって、冷静さに欠けてしまった。集中力も少しなかった。これからやろうとすることに対し、もっと集中していかなければ!!

*7*月*13*日(水)	晴れ
一日の総走行距離27.5km	

朝練習	走行距離	16km
	時　刻	6:00〜7:25
	場　所	嵐山
	Jog80分 けんすい×10回	

本練習	走行距離	11.5km
	時　刻	16:30〜17:50
	場　所	中台公園
	Jog60分	

その他	時　刻	

所感	今日は、ちょっと走りがどんよりしていた。ペースは速くなってきたが、足がまだどんよりとして、ちょっと疲れが完全にとれていないのか? と思ったが、そうでもないかな? と思う。

7月14日(木)	日本から サンモリッツへ	―
一日の総走行距離33km		

	走行距離	16km
朝練習	時 刻	5:30〜6:55
	場 所	成田空港の方で折り返し
	Jog 75分	

	走行距離	17km
本練習	時 刻	16:30〜17:55
	場 所	グラウンドの坂と羊の丘方面
	Jog 80分	

	時 刻	
その他		

所感

今日、成田を発ちサンモリッツへと向かう。
いよいよだ。しっかり走り込んで、また上
を目指そうと思う。がんばるぞ!!

7月15日(金)	サンモリッツ 1日目	晴れ (夕立ちあり)
一日の総走行距離41.5km		

	走行距離	16km
朝練習	時 刻	6:15〜7:30
	場 所	湖の周り　4.3km
	Jog 70分 腕立て×15	

	走行距離	20.5km
本練習	時 刻	16:00〜18:05
	場 所	山道　シルバプラナ＆朝練方面
	Jog 103分(100分)	

	時 刻	10:30〜11:55
その他	Jog 30分(5km) 補強	

所感

今日はLongJog。山道を積極的に使って走っ
た。指示を受けた時に、あ、そうだな、と
思った。積極的に山道を走って足首を強く
しなければ…。今の私には足元も十分に強
くする必要がある。これからもLongJogのと
きなどは山を積極的に走ろうと思う。

コーチより

前半は走り込み、脚作りを行ない、
しっかりとした体を作り上げるた
めにも積極的に走っていこう!!

7月16日(土)		サンモリッツ 2日目	―
一日の総走行距離38km			

<table>
<tr><td rowspan="3">朝練習</td><td>走行距離</td><td>15km</td></tr>
<tr><td>時　刻</td><td>6:15～7:30</td></tr>
<tr><td>場　所</td><td>山道(下りコース)</td></tr>
<tr><td colspan="2">Jog 70分
腕立て×15回</td></tr>
</table>

<table>
<tr><td rowspan="3">本練習</td><td>走行距離</td><td>23km</td></tr>
<tr><td>時　刻</td><td>15:30～17:45</td></tr>
<tr><td>場　所</td><td>山道 シルバプラナと
ポントレッジーナ</td></tr>
<tr><td colspan="2">Jog 120分</td></tr>
</table>

<table>
<tr><td rowspan="2">その他</td><td>時　刻</td><td>10:15～</td></tr>
<tr><td colspan="2">Walk 40分
ウエイト80%</td></tr>
</table>

所感

120分でも、ここは走るところがいっぱいだから、飽きないで走ることができて、とても良い。パッと見は本当に1枚の写真に収まるくらいの小さな町なのに、驚くほど森が多い。

IAAFドーピング
コントロール

7月17日(日)		サンモリッツ 3日目	晴れ
一日の総走行距離53.5km			

<table>
<tr><td rowspan="3">朝練習</td><td>走行距離</td><td>15km</td></tr>
<tr><td>時　刻</td><td>6:15～7:30</td></tr>
<tr><td>場　所</td><td>山道(下りコース)</td></tr>
<tr><td colspan="2">Jog 70分
腕立て×15回</td></tr>
</table>

<table>
<tr><td rowspan="3">本練習</td><td>走行距離</td><td>33.5km</td></tr>
<tr><td>時　刻</td><td>15:45～18:20</td></tr>
<tr><td>場　所</td><td>サメダン5.25kmコース</td></tr>
<tr><td colspan="2">
30km
TOTAL 1°50'41"
 5km   18'30"
10km   37'04"（18'34"）
15km   55'22"（18'18"）
20km 1°13'48"（18'26"）
25km 1°32'14"（18'26"）
30km 1°50'41"（18'27'）

フロート×6本
</td></tr>
</table>

<table>
<tr><td rowspan="2">その他</td><td>時　刻</td><td>10:15～11:45</td></tr>
<tr><td colspan="2">Walk 5分
Jog 30分（5km）
補強C</td></tr>
</table>

所感

今日は30kmだった。3'50'で…と言われ、だいたいそれくらいで入ろうと思っていたが、ちょっと速く、そのまま下げにくくて、ほぼイーブンで走った。走り終わった後、そのまま終わろうとしてしまい、廣瀬さんに流しを入れろと言われた。一昨日と昨日の練習と、今日の距離の中身を考えたら、入れるべきだった。反省点。ちゃんと考えてやらなくては！

JULY

7月

18 → 24

ベルリンマラソンまであと10週

1週間の走行距離
261.5km

ペース走＋インターバルのセット練で余裕度をチェック

　サンモリッツ合宿5日目、6日目には「20000mペース走」＋「400mインターバル」のセット練習があり、ここで、どれほど余裕があるかを確認しました。そして、9日目の7月23日には40km走を行いました。この合宿1本目の40km走なので、その前の2日間はジョグでつないでいます。とはいえ、野口の場合は、ジョグのペースが速く、朝から15kmも走っています。また、前日の本練習でも120分もジョグをしています。質の高いジョグの積み重ねが、マラソントレーニングに生きています。（廣瀬）

7月18日(月)	サンモリッツ 4日目	晴れ→風雨
一日の総走行距離 25.5km		

朝練習

走行距離	10km
時刻	6:15〜7:25
場所	湖・山

Jog 60分(Free)

本練習

走行距離	15.5km
時刻	16:30〜17:55
場所	ポントレッジーナ→チェルリーナ→湖

Jog 80分(Free)

その他

時刻	10:35〜11:40

50分walk

所感

今日は、昨日あまり食べられなかったせいからか、朝や午前中はふらふらだった。午後は元気になって、80分Jogしても気にならなかった。明日はもう普通だと思う。がんばるぞ！！

7月19日(火)		サンモリッツ 5日目	晴れ	**7月20日**(水)		サンモリッツ 6日目	晴れ
一日の総走行距離43.5km				一日の総走行距離36km			

<table>
<tr><td rowspan="5">朝練習</td><td>走行距離</td><td>15.5km</td><td rowspan="5">朝練習</td><td>走行距離</td><td>16km</td></tr>
<tr><td>時 刻</td><td>6:15〜7:27</td><td>時 刻</td><td>6:15〜7:30</td></tr>
<tr><td>場 所</td><td>湖の周り</td><td>場 所</td><td>湖の周り</td></tr>
<tr><td colspan="2">Jog 70分
腕立て×15回</td><td colspan="2">Jog 70分</td></tr>
</table>

<table>
<tr><td rowspan="4">本練習</td><td>走行距離</td><td>24km</td><td rowspan="4">本練習</td><td>走行距離</td><td>15.5km</td></tr>
<tr><td>時 刻</td><td>15:45〜17:50</td><td>時 刻</td><td>15:45〜17:45</td></tr>
<tr><td>場 所</td><td>トラック</td><td>場 所</td><td>トラック</td></tr>
<tr><td colspan="2">20000mペース走
(P＝93"-89"-85"/400m)
※2000mごとにペースを変える

フロート×5本</td><td colspan="2">400m ×20本
(76"台)</td></tr>
</table>

<table>
<tr><td rowspan="2">その他</td><td>時 刻</td><td>10:15〜11:45</td><td rowspan="2">その他</td><td>時 刻</td><td>10:20〜11:45</td></tr>
<tr><td colspan="2">Jog 30分(4km)
補強</td><td colspan="2">Jog25分
(4.5km／残り5分はダウンみたいな感じ)
補強B</td></tr>
</table>

所感	今日は20000mのペース走だった。20000m に抵抗感もなく走れたが、ちょっとお腹が冷 えてきて、中盤からきつかった。でも、なん とか大丈夫だった。寒暖の差が激しいから、 気をつけて体調管理に努めたい。	所感	今日は400mのインターバルだった。最初、 ちょっとリズムがつかめなかったけど、後 半はリズム的には良い感じで走れた。 ※前夜寝付けず

7月21日(木)		サンモリッツ 7日目	晴れ	**7月22日(金)**		サンモリッツ 8日目	晴れ
一日の総走行距離29.5km				一日の総走行距離43.5km			

朝練習	走行距離	13.5km
	時 刻	6:15〜7:30
	場 所	湖と山
	Jog 70分	

本練習	走行距離	16km
	時 刻	16:30〜17:55
	場 所	チェレリーナ→サメダンなど
	Jog 80分 Free	

その他	時 刻	

所感
朝は体全体がちょっと重かったが、午後はそうでもなかった。背中のほうもけっこうほぐれてきた感じで、しっかりほぐせたと思う。明日からまたがんばるぞ!!

朝練習	走行距離	15km
	時 刻	6:15〜7:30
	場 所	山道(コース)
	Jog 70分	

本練習	走行距離	24km
	時 刻	15:45〜17:50
	場 所	ポントレッジーナ→ベルニナ方面へ
	120分Jog	

その他	時 刻	10:20〜12:00
	Jog 25分(4.5km／ほぐし) ウエイト80％	

所感
今日は2時間Jog。行ったことのないコースで走ったから新鮮だし、飽きなかった。ここに来て山道を走る機会が多くなったけど、足の着地もしっかりできるようになったと思うし、足全体もしっかり筋肉が付いたと思う。

7月23日(土)		サンモリッツ 9日目		晴れ →雨
一日の総走行距離 58km				

朝練習	走行距離	15km
	時　刻	6:15〜7:30
	場　所	山道

Jog 70分
腕立て×15回

本練習	走行距離	43km
	時　刻	15:15〜18:25
	場　所	サメダン5.3K

15:35スタート
40km
TOTAL2°28'41"
5km	18'46"	
10km	37'37"	(18'51")
15km	56'26"	(18'49")
20km	1°15'12"	(18'46")
25km	1°33'51"	(18'39")
30km	1°52'07"	(18'16")
35km	2°10'28"	(18'21")
40km	2°28'41"	(18'13")

その他	時　刻	10:00〜11:40

Walk 40分
補強

所感
今日は、こっちに来て初めての40km。また、久々の40kmだった。風はけっこう強かったが、雲が多くて気温も低く、走りやすかった。廣瀬さんが、向かい風のところを風よけになってくれたのが一番走りやすかった要因だと思う。体の調子も良く、足のほうもまあまあだから、油断はせず、しっかり走りたい。

コーチより
天候のことを考えるとまずまずの走りができていると思うが、安定して走れる走力を身につけていこう。

7月24日(日)		サンモリッツ 10日目	くもり
一日の総走行距離 25.5km			

朝練習	走行距離	11.5km
	時　刻	6:15〜7:25
	場　所	シルバプラナの方へ

Jog 65分

本練習	走行距離	14km
	時　刻	16:30〜17:50
	場　所	湖の周り4.3km

Jog 70分 Free

その他	時　刻	

所感
今朝は体全体がズッシリ、どんよりしていたけど、午後はけっこう軽くなって、Jogも良い感じでリズム良く走れた。お尻がけっこう張っていて気にはなるが、走っている時は気にならないから、大丈夫そう。

JULY

7月

25→31

ベルリンマラソンまであと9週

1週間の走行距離
274km

マラソンに向けてポイント練習の量を増加。苦手のロングインターバルも

　基本的に練習の組み立て方は、昆明合宿と同じようなサイクルで行なっていますが、マラソンに向けたトレーニングなので、40km走が入ってきますし、その他のポイント練習の量も増えます。例えば、昆明であれば「1kmインターバル」「20km走」のセット練習だったのが、サンモリッツでは「20km走」が「30km走」に延びています。また、40km走の前日には、野口が苦手としている「ロングインターバル（今回は2km）」を入れています。ロングジョグは、変化を加えて途中にウォークを挟みました。（廣瀬）

7月25日（月）		サンモリッツ 11日目
一日の総走行距離38km		くもり

朝練習	走行距離	15km
	時　刻	6:15〜7:30
	場　所	湖の周り4.3kmと山

Jog 70分
腕立て×15回

本練習	走行距離	18km
	時　刻	15:30〜17:40
	場　所	サメダン5.25kmコース

1km×10本（P＝3'10"〜 3'15"）
①3'07"
②3'07"
③3'07"
④3'06"
⑤3'08"
⑥3'07"
⑦3'07"
⑧3'07"
⑨3'08"
⑩3'03"
（ストレッチ15分　部屋で）

その他	時　刻	10:10〜11:40

Jog 30分（5km）
補強C

所感

　1kmのインターバルだった。本来は40kmの次の日に、こういったインターバルが入っていかないといけない。40km走った体で、どれくらい動くか…そういうことを考えなければいけない。
　今日の1kmは追い風を使って走ったから、タイム的にはわからないけど、感覚的には良い感じで走れたと思う。

7月26日(火)	サンモリッツ 12日目	晴れ ※風がきつい
一日の総走行距離 49.5km		

朝練習	走行距離	15km
	時 刻	6:15～7:30
	場 所	山コース

Jog 70分
腕立て×15回

本練習	走行距離	34.5km
	時 刻	15:30～17:55
	場 所	サメダン5.25kmコース

15:45 START
30km距離走
TOTAL 1°50'47"
　5km　　18'42"
　10km　　37'17"（18'35"）
　15km　　55'50"（18'33"）
　20km　　1°14'17"（18'27"）
　25km　　1°32'37"（18'20"）
　30km　　1°50'47"（18'10"）

その他	時 刻	10:00～11:45

Walk 40分
ウエイト80％

所感
今日は30km。この前の40kmよりちょっと暑
く感じ、風も強かったが、車を前に付けてく
れたので、向かい風のきつさも減っていた。
向かい風の所は3人で走っている気がして、
嬉しかった。だから、がんばれたと思う。
あとは、しっかりケアをしてもらい、自分で
ももちろんケアして体をほぐしてあげたい。

7月27日(水)	サンモリッツ 13日目	晴れ
一日の総走行距離 25.5km		

朝練習	走行距離	11.5km
	時 刻	6:15～7:25
	場 所	いろいろ

Jog 70分

本練習	走行距離	14km
	時 刻	16:40～18:00
	場 所	シルバプラナ、グラウンドの芝

Jog 80分（Free）

その他	時 刻	

所感
今朝は昨日の疲れが全身から出ていて、
ちょっときつかった。主に背中とか上体が
張っていたから、午前中、部分的にみても
らった。午後はけっこう戻っていた。

7月28日(木)	サンモリッツ 14日目	晴れ	7月29日(金)	サンモリッツ 15日目	晴れ→ くもり
一日の総走行距離47.5km			一日の総走行距離43.5km		

7月28日(木) サンモリッツ 14日目 晴れ
一日の総走行距離47.5km

朝練習	走行距離	13.5km
	時 刻	6:15〜7:30
	場 所	小さい湖4.3km

Jog 70分
腕立て×15回

本練習	走行距離	26.5km（ちょっとわからない）
	時 刻	14:45〜18:00
	場 所	ポントレシジーナの上とシルバプラナ

Jog 145分
Walk 35分
計3時間

その他	時 刻	10:05〜11:50

Walk10分
Jog30分（5.5km／サンモリッツ湖とグラウンド）
動き（トロッティング、腿上げ、大また歩行、股関節などの動きづくり）

所感
今日は3時間Jog＆Walk。けっこう行ったことのない所にも行けて、リフレッシュできた。午前中は補強ができず、「動き」になったが、「動き」がまったくできなかった。バウンディングなどリズミカルな動きなど、これから私がやっていく上で必要な要素なので、午前中など積極的にやっていかなければ!!

7月29日(金) サンモリッツ 15日目 晴れ→くもり
一日の総走行距離43.5km

朝練習	走行距離	15km
	時 刻	6:15〜7:30
	場 所	山コース

Jog 70分
腕立て×15回

本練習	走行距離	17.5km
	時 刻	15:45〜17:45
	場 所	サメダン5.25kmコース

2km×5本 （6'25"〜 6'30"）
※追い風を使って

①6'20"
②6'20"
③6'20"
④6'18"
⑤6'18"5

その他	時 刻	9:45〜11:40

Walk 5分
Jog 30分（5km）
動き 30分
補強Free

所感
今日は2km×5のインターバルだった。例のごとく、やはり風が強く、追い風を使ってのインターバルだったが、まあまあ動きは、そんなに悪くないかな？　と思った。あと、このペースの流れを感じて、走れて良かったと思っている。インターバルは特に1つ1つ大切に走りたい。

7月**30**日(土)	サンモリッツ 16日目	晴れ→くもり	**7**月**31**日(日)	サンモリッツ 17日目	くもり
一日の総走行距離60km			一日の総走行距離18.5km		

7月30日(土) サンモリッツ16日目

朝練習

走行距離	15.5km
時　刻	6:15〜7:30
場　所	山道

Jog 70分
腕立て×15回

本練習

走行距離	44.5km
時　刻	15:15〜18:40
場　所	サメダン5.25kmコース

15:45スタート
40km(2回目)
TOTAL2°29'27"

5km	18'52"
10km	37'42"（18'50"）
15km	56'22"（18'40"）
20km	1°15'06"（18'44"）
25km	1°33'51"（18'45"）
30km	1°52'24"（18'33"）
35km	2°10'52"（18'28"）
40km	2°29'27"（18'35"）

フロート120m×5本

その他

時　刻	10:00〜11:40

Walk45分
補強A〜Cを3セット

所感

今日は40kmだったが、風がきつく、なかなかペースが上がらず、それでも20km過ぎてから、なんとか上げようとしてみたが、そんなに変わらず、30〜40kmの一番大事な所を、ちゃんと意識して走れなかったのが悔しい。またがんばるぞ!!

7月31日(日) サンモリッツ17日目

朝練習

走行距離	11.5km
時　刻	6:15〜7:25
場　所	山など

Jog 60分(Free)

本練習

走行距離	7km
時　刻	17:50〜18:30
場　所	シルバプラナ方面の山

Jog 40分

その他

時　刻	

所感

今日は気分転換に買い物に連れていってもらった。そういう事も含めて、Jogもリフレッシュできて良い一日だったと思う。
だから、また切り換えていこうと思った。

**7月TOTAL
走行距離
1078.5km**

125

AUGUST

8月

1 → 7

ベルリンマラソンまであと8週

1週間の走行距離
241.5km

30km走のペースアップを狙い、前日に300mインターバル

　8月3日の30km走をある程度速いペースで走ってほしかったので、前日にスピード練習として「300mインターバル」を入れました。肝心の30km走は体調不良で途中で止めてしまいましたが、ここまではある程度順調でしたし、脚のケガでリタイアしたわけではなかったので、特に練習計画を変えることはしていません。体調が戻ってからは通常の練習サイクルに戻っています。野口が苦手なロングインターバルは、2kmから3kmへと距離が延びています。苦手な練習に取り組むのはメンタル強化にもなります。（廣瀬）

		8月1日(月)	サンモリッツ 18日目	晴れ
		一日の総走行距離40km		

朝練習	走行距離	15.5km	
	時刻	6:15〜7:30	
	場所	サンモリッツ湖と山	
	Jog 70分 腕立て×15回		

本練習	走行距離	19.5km	
	時刻	16:00〜17:50	
	場所	ポントレッジーナ→グラウンド	
	Jog 100分 フロート×7本		

その他	時刻	9:50〜11:50	
	Walk 10分 Jog 30分（5km） 動き15分 ウエイト 80%		

所感	今日は一昨日の疲れがとれて、すっきり体が軽かった。Jogも良いリズムで走ることができて、体調もまあまあだと思う。明日からまた気持ちを切り替えていくぞ！

8月2日(火)	サンモリッツ 19日目	雨 降ったり 止んだり
一日の総走行距離 33.5km		

朝練習	走行距離	15.5km
	時 刻	6:15〜7:30
	場 所	サンモリッツ湖の周り
	Jog 70分	

本練習	走行距離	13km
	時 刻	16:10〜17:55
	場 所	グラウンド
	300×20本（P＝55"〜56"　R＝50"〜55"）

200m×1本　34" | |

その他	時 刻	10:00〜11:45
	Jog 30分（5km）
動き
補強B	

所感
今日は300m×20本だった。前半の動きがちょっとダメで、後半も良くなったかといったら、そんなことはなく、動きも良くないし、呼吸もきつくて全然だった。動きが良くないと感じたら、自分で考えて短いのをパンと入れていかないといけないし、ちゃんとしないと！
あとで廣瀬さんたちの会話を聞いていたら、私なんてまだちっぽけだと思った。たかが300m 20本ぐらいで！　シャキッとしないと!!

8月3日(水)	サンモリッツ 20日目	―
一日の総走行距離 37.5km		

朝練習	走行距離	15.5km
	時 刻	6:15〜7:30
	場 所	山コース
	Jog 70分
腕立て×15回	

本練習	走行距離	17km
	時 刻	15:20〜16:50
	場 所	サメダン
	30km　途中で胃痛により止める
5km　　　18'15"
10km　　36'34"（18'19"）
15km　　55'04"（18'30"）	

その他	時 刻	10:00
	Jog 30分（5km）
補強A	

所感
今日は腹痛（体調不良）のため、途中でやめてしまった。風も下りのところで、いつもより弱い風で気温も低く、絶好の日だったのに、悔しい。 しかも、1周目は普通で、2周目も最初のほうは速くて、良い感じだ！と思っていたのに、2周目の後半から痛く、体に力も入らず、失速していき、呼吸もきつかった。体調管理をしっかりしなくては！これから本当に気をつけたい。

8月4日(木)	サンモリッツ 21日目	晴れ
一日の総走行距離25.5km		

朝練習

走行距離	10km
時刻	6:10〜7:15
場所	サンモリッツ湖の周り

Jog 60分

本練習

走行距離	15.5km
時刻	16:00〜17:25
場所	st.moritz湖、グラウンド

Jog 80分

その他

時刻	10:30〜11:ー

Walk30分
補強

所感

今朝は昨日のこともあってJogだけど、少し力が入らない感じでペースもすごく遅かった。午後はご飯もちゃんと食べたからか元気が出て、朝よりリズム良く走れた。あと、ちゃんと体調のこととか状況を説明できなくて、自分のせいで周りの人にも迷惑をかけてしまう。その辺をもっとしっかりしなくてはいけないと思った。

▷1WEEK TOTAL(7/29-8/4)252.7km

8月5日(金)	サンモリッツ 22日目	快晴
一日の総走行距離42km		

朝練習

走行距離	15km
時刻	6:10〜7:25
場所	山道コース

Jog 70分
腕立て×15回

本練習

走行距離	22km
時刻	16:00〜17:55
場所	グラウンド

18000mペース走
(P＝92"-88"-84"/400m)
※2000mごとにペースを変える
TOTAL 64'53"

フロート　120m×6本

その他

時刻	10:10〜11:50

Walk 5分
Jog 30分(5km)
ウエイト

所感

今日は体調も良くなり、ペース走もいつもと同じようにできた。呼吸はまだちょっと荒いような気がするけど、前にやったペース走よりはましになった気がする。でも、練習ひとつひとつ大事に走らないと！と思った。

8月6日(土)	サンモリッツ 23日目	晴れ
一日の総走行距離 36km		

	走行距離	15km
	時 刻	6:10〜7:27
朝練習	場 所	山道コース
	Jog 70分 腕立て×15回	

	走行距離	21km
	時 刻	15:30〜17:55
本練習	場 所	サメダン
	3km×5本 (P=10'00"〜10'10"切るくらい　R=5分) ①10'04" ②10'11" ③— ④— ⑤—	

	時 刻	10:15〜11:40
その他	Walk45分 補強C	

所感

今日は3kmのインターバルだった。追い風を使って走らせてもらったのに、足が全く進まず、呼吸もどんどんきつくなってしまい、今までの中で一番良くなかったと思う。良くなかったが、気持ちを切り替えて、がんばらないと！　クヨクヨしている場合ではないと思った。体がきついならリセット（リラックス）して次にちゃんと走れるようにしたい。

8月7日(日)	サンモリッツ 24日目	小雨
一日の総走行距離 27km		

	走行距離	12.5km
	時 刻	6:15〜7:30
朝練習	場 所	サンモリッツ湖と山道
	Jog 70分（Free）	

	走行距離	14.5km
	時 刻	11:00〜12:30
本練習	場 所	シルバプラナ
	Jog 80分（Free）	

	時 刻	
その他		

所感

今日はとてもリラックスして、何も考えず景色を見ながらJogができた。ここ最近ちょっとガシガシ（変な所で）していたから、こんなふうに走れたのは久しぶりだったかもしれない。また、それ以外でもリフレッシュさせてもらって、心身共にリセットできた。明日からがんばるぞ!!

AUGUST

8月

8 → 14

ベルリンマラソンまであと7週

1週間の走行距離
264.9km

ショートインターバルで
動きづくりをして40km走

　再び「30km走」にチャレンジ。強風の中でも2週間前よりもタイムが上がっています。トレーニングの質がきちんと上がっていることの確認になりました。「40km走」は前日にショートインターバルを行うことで、動きをつくってから挑みました。前回の40km走よりもタイムは速かったのですが、本番に向けて後半にペースを上げることを意識して臨んだので、ラスト10kmでペースアップできなかったのが反省点となりました。（廣瀬）

8月8日(月)	サンモリッツ 25日目	晴れ

一日の総走行距離32.5km

朝練習

走行距離	15km
時　刻	6:10〜7:25
場　所	山コース

Jog 70分
腕立て×15回

本練習

走行距離	14.5km
時　刻	15:45〜17:40
場　所	サメダン

1km×8本（P＝3'15"）　行ったり来たり
①3'09"
②3'13"6
③3'12"
④3'14"
⑤3'15"
⑥3'15"2
⑦3'15"7
⑧3'15"1

フロート×4本

その他

時　刻	10:10〜11:40

Jog 20分（3km）
Walk 10分
補強

所感

今日は1kmのインターバル。この前よりはだいぶましだと思うけど、もうちょっと最後は上げたかった。ラスト1本は、500mは1本目と同じような感じで走っていたが、ちょっと風もあって上がらず…だった。
呼吸ももうちょっと普通にして、あごが上がり気味だし、走りながら立て直して、フォームも意識しながら走りたい。

8月9日(火)	サンモリッツ 26日目	晴れ
一日の総走行距離 52.5km		

朝練習	走行距離	15km
	時 刻	6:10〜7:25
	場 所	山コース

Jog 70分
腕立て×15回

本練習	走行距離	33.5km
	時 刻	15:35〜18:10
	場 所	サメダン

今日は風が強く、小さく回るコース(1.325km)で
15:50〜55 START
30km
TOTAL 1°50'15"
 5km 18'35"
 10km 37'01" (18'26")
 15km 55'19" (18'18")
 20km 1°13'39" (18'20")
 25km 1°32'01" (18'22")
 30km 1°50'15" (18'14")

その他	時 刻	10:15〜11:50

Jog 25分(4km)
ウエイト80%

所感

今日は30km。風がけっこう強くて、いつもの5250mのコースではなく、短いコースを使っての30kmだった。
きついのはコース上の500m地点くらいだから、けっこう風が強くても、まだましだった。タイムもまあまあこの前より良かったし。距離(走)はまだ走れるけど、インターバルをしっかり走れなければ!!

8月10日(水)	サンモリッツ 27日目	晴れ
一日の総走行距離 29.5km		

朝練習	走行距離	14km
	時 刻	6:10〜7:25
	場 所	チエレリーナ、山

Jog 70分(Free)

本練習	走行距離	15.5km
	時 刻	16:15〜17:50
	場 所	シルバプラナ方面(山)

Jog 80分(Free)

その他	時 刻	

所感

今日は、昨日の練習時の風の影響からか、腰と背中がけっこうきつかった。でも、朝のうちだけで、午前中みてもらい、午後走る時にはけっこう軽くなっていた。しっかりストレッチもやっておこうと思う。

	8月11日(木)	サンモリッツ 28日目	晴れ→小雨
	一日の総走行距離36km		

朝練習		
	走行距離	15.5km
	時刻	6:10〜7:30
	場所	上のコース　4.9kmと3.1km
	Jog 73分	
	腕立て×15回	

本練習		
	走行距離	15.5km
	時刻	16:00〜17:25
	場所	サンモリッツ湖、グラウンド
	Jog 80分	

その他		
	時刻	10:20〜11:45
	Jog30分（5km）	
	補強（ボール）	

所感

今日はLongJog。ここは走る所がいっぱいあるから、飽きずに長い時間走れるのが嬉しい。でも、ちょっと遠くまで行きすぎると心細くなる。でも、リフレッシュできたから、明日からまたがんばるぞ！

▷1WEEK TOTAL（8/5-8/11）261km

> コーチより
> 1つ1つのトレーニングの主旨を理解して取り組む。

	8月12日(金)	サンモリッツ 29日目	晴れ
	一日の総走行距離28.2km		

朝練習		
	走行距離	15.7km
	時刻	6:10〜7:30
	場所	上のコース
	Jog 70分	
	腕立て×15回	

本練習		
	走行距離	12.5km
	時刻	16:00〜17:45
	場所	グラウンド
	400m×15本（P＝76"）	

その他		
	時刻	10:10〜11:50
	Walk 35分	
	ウエイト80％	

所感

今日は400mのインターバルだった。リズム良く走れたと思うが、まだちょっと呼吸がきついかな？と思った。でも、この前よりもまだましになっているが、400mだからまだ走れたと思うし、2km、3kmのインターバルで今度はしっかり400mなどのショートのインターバルのリズムを生かして走れないと、と思った。また、トレーニングの内容（主旨）を意識、理解して走りたい。

8月13日(土)	サンモリッツ 30日目	晴れ→薄曇り
一日の総走行距離60.2km		

朝練習	走行距離	15.7km
	時　刻	6:10〜7:35
	場　所	上の山

Jog 70分
腕立て×15回

本練習	走行距離	44.5km
	時　刻	15:20〜18:35
	場　所	サメダン

15:40スタート
40km
　TOTAL2°25'49"
　5km　　18'21"
　10km　　36'41"（18'20"）
　15km　　54'55"（18'14"）
　20km　1°13'08"（18'13"）
　25km　1°31'19"（18'11"）
　30km　1°49'20"（18'01"）
　35km　2°07'36"（18'16"）
　40km　2°25'49"（18'13"）
スタート〜20km　1°13'08"
20〜40km　　　　1°12'41"

フロート×5本

その他	時　刻	10:10〜11:40

Walk45分
補強C

所感
今日は、これから私が目指していくことで、とても重要な話をしてもらった。今までの自分の競技に対する姿勢、どうしてもっと走ること以外のトレーニングで自分の意見やわからないことなどをちゃんと聞けなかったのか、もっと自分自身そういうことについて、しっかりとしなければいけない。今日のことは本当に大事なことだと思う。また、40kmはラスト10kmを上げられなかったのが課題だ。一番大事な所で上げられず、これから意識しないといけない。動けないところを、どう動かすか！

8月14日(日)	サンモリッツ 31日目	晴れ→雨
一日の総走行距離26km		

朝練習	走行距離	11km
	時　刻	7:00〜8:10
	場　所	いろいろ

Jog 60分（Free）

本練習	走行距離	15km
	時　刻	16:30〜17:55
	場　所	シルバプラナ

Jog 80分（Free）

その他	時　刻	

所感
今日は、朝、昨日の疲れがすごくあったが、午後はけっこうとれたみたいだった。また、今日は世界陸上の女子マラソンがあって、ラドクリフの走りはさすがだと思った。自分も走っていたら、どうだったんだろうと考えて見ていた。刺激になったが、焦らず、これからのトレーニングに集中していきたい。

サンモリッツ合宿中、最後の30km走を8/29に、最後の40km走を9/2に実施し、それぞれコースレコードをマークした。日本記録更新に向けて、調子が上向いているのを確認できた

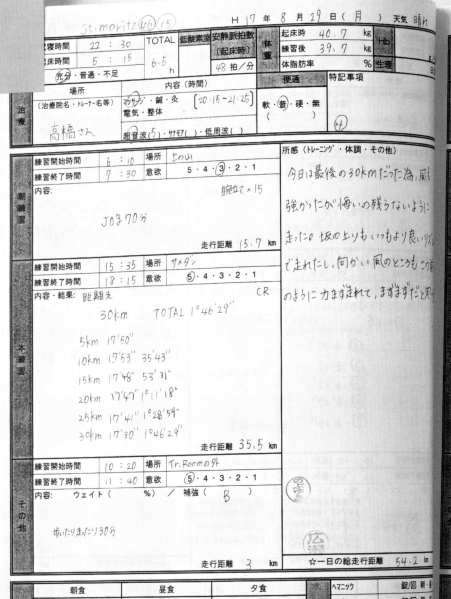

St.moritz 40 15　　　　H 17 年 8 月 29 日（月）天気 晴れ

就寝時間	22：30	TOTAL	低酸素室	安静脈拍数（起床時）	体重	起床時	40.7	kg	Hb
起床時間	5：15	6.5 h		48 拍／分		練習後	39.7	kg	
充分・普通・不足						体脂肪率		%	生理

治療　場所（治療院名・トレーナー名等）　高橋さん
内容（時間）マッサージ・鍼・灸 [20：15～21：25]・電気・整体　超音波(5)・サモア( )・低周波( )
便通　軟・(普)・硬・無　特記事項

朝練習
練習開始時間 6：10　場所 上の山
練習終了時間 7：30　意欲 5・4・(3)・2・1
内容：　腕立て×15
JOG 70分
走行距離 15.7 km

本練習
練習開始時間 15：35　場所 サメダン
練習終了時間 18：15　意欲 (5)・4・3・2・1
内容・結果：距離走　　　CR
30km　TOTAL 1°46'29"
5km　17'50"
10km　17'53"　35'43"
15km　17'48"　53'31"
20km　17'47"　1°11'18"
25km　17'41"　1°28'59"
30km　17'30"　1°46'29"
走行距離 35.5 km

その他
練習開始時間 10：20　場所 Tr.Roomの外
練習終了時間 11：40　意欲 (5)・4・3・2・1
内容：ウェイト（　%）／補強（ B ）
歩いたりまったり30分
走行距離 3 km

所感（トレーニング・体調・その他）
今日は最後の30kmだった為、風も強かったが悔いの残らないように走った。坂の上りもいつもより良いリズムで走れたし、向かい風のところもこの前のように力まず走れて、まずまずだと思う

☆一日の総走行距離 54.2 km

	朝食	昼食	夕食
食事	寮食	寮食	寮食
	パン　ハム　ソーセージ　ベーコン　スクランブルエッグ	・ごはん、パスタ　・サラダトマト　・オーブンローストチキン　・パイナップルとチーズのゼリム　・白身魚1/2　・ピーマンとなすの炒めもの	・ごはん　・ピーマンとなすの炒めもの　・オーブンローストチキン×2　・うなぎのかばやき
食欲	5・4・3・2・1	(5)・4・3・2・1	(5)・4・3・2・1

薬・サプリメント				
ヘマニック		錠／回	朝・昼・夜
ヘム鉄		錠／回	朝・昼・夜
フェロミア錠		錠／回	朝・昼・夜
シナール錠	1	錠／回	朝・昼・夜
バンビタン		錠／回	朝・昼・夜
キヨレオピン	C／回	朝・昼・夜
		錠／回	朝・昼・夜
コルディア	1包		
アミノバイタル・プロテイン・ジョグメイト			
カルプナ・田七・Feタブ・Cタブ			

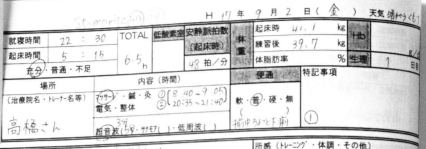

H 17 年 9 月 2 日（ 金 ） 天気 晴れ／くもり

	就寝時間	22 : 30	TOTAL	低酸素室	安静脈拍数（起床時）	体重	起床時	41.1 kg	Hb
	起床時間	5 : 15	6.5 h		48 拍/分		練習後	39.7 kg	
	充分・普通・不足						体脂肪率	％	生理 1 日目

	場所（治療院名・トレーナー名等）	内容（時間）	便通	特記事項
治療	高橋さん	マッサージ・鍼・灸 ①8:40～9:05 ②20:35～21:40 電気・整体 超音波(3分・サモア( )・低周波( ) 3分	軟・普・硬・無	稽古中ちょっと下痢 ①

朝練習
練習開始時間	6 : 10	場所	上の山
練習終了時間	7 : 30	意欲	5・4・③・2・1

内容：　　　　　　　　　　　　腕立て×15

JOG70分

走行距離　15.5 km

本練習
練習開始時間	15 : 20	場所	サメダン
練習終了時間	18 : 30	意欲	⑤・4・3・2・1

内容・結果：　　　　　　　　　　　　　CR

40km　　2°23'15"

5km　17'51"　　　　　　35km 2°05'
　　　　　　　　　　　　　　(17'59")
10km 35'51" (18'00")　40km 2°23'15"
15km 53'43" (17'52")　　　(17'56")
20km 1°11'37" (17'52")
25km　　　(17'49")
30km 1°47'　(17'51")

走行距離　44.5 km

その他
練習開始時間	10 : 20	場所	湖. Tr Room
練習終了時間	11 : 40	意欲	⑤・4・3・2・1

内容：ウェイト（　　%）／補強（ Free ）
3S 腹筋×100, 背筋×50, 腕立て×15, カーフレイズ×20

walk 30分
腹筋×100, 背筋×50, 腕立て×15, スクワント×20
三角×20, ハードにまたぎ×10, ディップス×20

走行距離　　km　　☆一日の総走行距離　60 km

所感（トレーニング・体調・その他）
今日はここでの、この期間の最後の40km
だった。最初、ちょっと速いかな？と思った
が、だいたい同じようなリズムで押し
ていけた。良い感じでここのコースレコード
を出せたと思うし、天気も味方してくれた
みたいで絶好の走り日和だ。
このまま調子を保って残りの練習も
集中していきたい。

	朝食	昼食	夕食
	寮食	寮食	寮食
食事	・パン ・ハム ・ベーコン ・ソーセージ ・スクランブルエッグ ・ヨーグルト ・リンゴジュース ・カフェオレ	・ごはん ・うなぎ ・スペアリブ×2 ・牛肉のストロガノフ？ ・ブロッコリー ・パスタ	・ごはん, みそ汁 ・ブロッコリーと大根 人参のゆでもの ・ソーセージ ・ハム肉ロースト ・白身魚のソテー ・木の子のクリーム煮 ・まっちゃカステラ
食欲	⑤・4・3・2・1	⑤・4・3・2・1	⑤・4・3・2・1

薬・サプリメント		
ヘマニック	錠/回・朝・昼・夕	
ヘム鉄	錠/回・朝・昼・夕	
フェロミア錠	1 錠/回・朝・昼・夕	
シナール錠	錠/回・朝・昼・夕	
パンビタン	錠/回・朝・昼・夕	
キヨレオピン	1 C/回・朝・昼・夕	
ミネラルバランス	1包 錠/回・朝・昼・夕	
コルディア	1包	
アミノバイタル・プロテイン・ジグ・メイト		
カルファ・田七・Feタブ・Cタブ・ゼリー		

135

AUGUST

8月

15 → 21

ベルリンマラソンまであと6週

1週間の走行距離
266.7km

同じサイクルを繰り返しながら
練習のベースを上げていく

　マラソントレーニングは、同じような
サイクルを繰り返しながらも、練習のベー
スを上げていきます。リズムを意識した
「ビルドアップ走」の翌日に「30km走」を
行い、コースレコードを更新しています。
「20km走」の前日は「600mインターバル」
に距離を延長して挑みました。目標レー
スが近づいています。距離走のペースを
少しずつ上げ、徐々にレースペースへと
近づけていきます。（廣瀬）

8月15日(月)	サンモリッツ 32日目	くもり、晴れ
一日の総走行距離 37.5km		

朝練習

走行距離	15.5km
時刻	6:10〜7:30
場所	サンモリッツ湖

Jog 70分
腕立て×15回

本練習

走行距離	17.5km
時刻	16:00〜17:50
場所	山など

Jog 90分
120m×10本

その他

時刻	10:20〜11:45

Walk 5分
Jog 30分（4.5km）
補強C

> スクワット、レッグエクステンション、レッグカールの左右の差があるから、やる時に意識してやること。

所感

今日はLong Jogだったが、山道を積極的に走ろうと思い、今の山コースと前の山コースとを使い分けて走った。なかなかupdownにも慣れてきたし、足の着地も最初より良い感じがする。ここに来ているアフリカ系の選手もけっこう山で見かけるし、強いなと思う。私もがんばるぞ。

8月16日(火)	サンモリッツ 33日目	晴れ
一日の総走行距離36km		

朝練習	走行距離	15.5km
	時　刻	6:10〜7:30
	場　所	上の山コース
	Jog 70分 腕立て×15回	

本練習	走行距離	16.5km
	時　刻	16:05〜17:50
	場　所	グラウンド
	12000mB-up(ビルドアップ)走 (P＝92"-90"-88"-86"-84"- 82"/400m) ※2000mごとにペースを変える 200m×3本 ①34"4 ②34"5 ③35"0 100m×2本	

その他	時　刻	10:20〜11:55
	Walk 5分 Jog 25分(4km) ウエイト	

所感　今日はマスコミ関係がいっぱいの中の練習だったけど、あまり気にせず、集中してビルドアップ走ができた。オリンピックが終わってからすぐの頃はかなり意識して、イライラもしていたけど、今はもうふっ切れた感じだ。むしろ、こんな遠い所まで来てもらってありがたい感じもする。これからも集中、集中!!　精神的にも肉体的にも強くならないと！

8月17日(水)	サンモリッツ 34日目	晴れ
一日の総走行距離49.5km		

朝練習	走行距離	15.5km
	時　刻	6:10〜7:30
	場　所	山の上コース
	Jog 70分 腕立て×15回	

本練習	走行距離	34km
	時　刻	15:35〜18:10
	場　所	サメダン
	30km 　5km　　　18'01" 　10km　　36'03"（18'02"） 　15km　　54'02"（17'59"） 　20km　　1°12'00"（17'58"） 　25km　　1°30'00"（18'00"） 　30km　　1°47'48"（17'48"） ※CR(コースレコード)	

その他	時　刻	10:35〜11:55
	Walk30分 補強B	

所感　今日は晴れているのに、風があまりなく、走りやすかった。でも、走り始めは、なんか15kmまでを気にしすぎてしまったが、それ以降はリズムをつかんで走れ、後半も良かったので、まあまあかな？と思った。
このまま安定して走れる力をこれからも持ちたい。

8月18日（木）	サンモリッツ 35日目	晴れ→ くもり
一日の総走行距離28km		

朝練習		
	走行距離	13km
	時 刻	6:10〜7:30
	場 所	湖と山

Jog 70分 (Free)

本練習		
	走行距離	15km
	時 刻	16:00〜17:30
	場 所	チェレリーナ、ポントレッジーナ方面

Jog 80分 (Free)

その他		
	時 刻	

所感

今日はフリーJog。リラックスしてJogできた。足の状態は意外と軽く、朝も、合宿の前半と違う感じだ。背中、腰は、足よりは張っているが、治療してもらっていても、走るたびに良くなっているということで、まあまあだと思う。また切り替えていこうと思った。

▷1WEEK TOTAL（8/12-8/18）265.4km

8月19日（金）	サンモリッツ 36日目	くもり
一日の総走行距離38.5km		

朝練習		
	走行距離	15km
	時 刻	6:10〜7:30
	場 所	大きくまわる山コース

Jog 70分
腕立て×15回

本練習		
	走行距離	19.5km
	時 刻	16:00〜17:50
	場 所	シルバプラナの山の方と上の山の方

Jog 100分（103分）

その他		
	時 刻	10:20〜11:45

Walk 5分
Jog 25分（4km）
補強A

> 片足スクワットをやる時、左足にもうちょっと後ろに体重がかかるべきところが前になる。

所感

今日はLongJog。updownを積極的に使って走った。足だけでなく上体も、走りながらしっかり使えているような感じで、走りがいがあった。明日からまたちゃんと意識をもって走るぞ。

8月20日(土)	サンモリッツ 37日目	雨→晴れ

一日の総走行距離 28km

朝練習

走行距離	14.5km
時　刻	6:10〜7:30
場　所	湖の周り

Jog 65分
腕立て×15回

本練習

走行距離	13.5km
時　刻	16:00〜17:45
場　所	グラウンド

600m×10本 インターバル
(P＝1'54"〜1'55")

フロート×6本

その他

時　刻	10:15〜11:55

Walk 40分
ウエイト 80％

所感

今日は600mのインターバルだった。本数が増えるたびに、腰(特に左側)が固まっていくような感覚になって、ちょっときつかった。向かい風のところも力んでしまいガチガチ…。もう少し長い距離の時のようなイメージで走りたい。

8月21日(日)	サンモリッツ 38日目	雨

一日の総走行距離 49.2km

朝練習

走行距離	15.7km
時　刻	6:10〜7:30
場　所	上の山

Jog 70分
腕立て×15回

本練習

走行距離	24.5km
時　刻	11:00〜13:10
場　所	サメダン

20km(P＝17'30"/5km、1°10'00")
TOTAL 1°09'38"
5km	17'10"
10km	34'32" (17'22")
15km	52'00" (17'28")
20km	1°09'38" (17'38")

その他

時　刻	17:00〜17:55

Jog45分(9km／ほぐす感じで)

所感

今日は20kmの3'30"ペースの感覚の練習だったが、雨が降り続き、5kmは本当にリズム良く、軽くてあまりきつくもなかったけど、2周目から冷えて呼吸がかなりきつくて、どんどん足が重くなっていき、結局はビルドダウンしてしまった。最初が良かっただけに悔しい(足の運びも)。

AUGUST

8月

22 → 28

ベルリンマラソンまであと5週

1週間の走行距離
264.5km

40km走リタイアで
翌週以降の練習を見直し

　目標のベルリンマラソンまで残り1カ月。距離走のペースが上がってきているので、ちょうど1カ月前の8月25日の「40km走」は好タイムが期待できました。しかし、強風が吹いていたのと、力みすぎてハイペースだったことがたたり、35kmでストップしてしまいました。ここをうまく走り切っていれば、本番に向けて練習量を徐々に落としていく予定でしたが、翌週以降の練習を見直すことになりました。（廣瀬）

8月22日(月) 　　　サンモリッツ 39日目　　　雨

一日の総走行距離 28km

朝練習	走行距離	12.5km
	時　刻	6:10〜7:30
	場　所	いろいろ
	Jog 70分（Free）	

本練習	走行距離	15.5km
	時　刻	11:00〜12:30
	場　所	シルバプラナの山の方
	Jog 80分（Free）	

その他	時　刻	

所感

今日はJog。ちょっと左脚のハムストリングスが張っている。朝、本練習共にその部分がきつかった。しかし、夜の治療と、午後リフレッシュできたことで良くなったのではと思う。高橋さん（トレーナー）も、内ももから来ているから、ストレッチをしっかりしておくように…と言ってくれたくらいだから、張りはひどくはないみたい。しっかりストレッチをして万全にしたい。

8月23日(火)	サンモリッツ 40日目	雨→くもり
一日の総走行距離 43.2km		

朝練習		
走行距離	15.7km
時 刻	6:10〜7:30
場 所	湖の周りと山の方

Jog 73分
腕立て×15回

本練習		
走行距離	23.5km
時 刻	16:05〜17:50
場 所	グラウンド

18000mペース走
(P＝92"-88"-84"/400m)
※2000mごとにペースを変える
TOTAL 1°04'43"

フロート×5本

その他		
時 刻	10:20〜11:40

Jog 30分(4km)
ストレッチ
補強C

所感

今日のペース走はいつにも増して、リズム良く流れるように走れた。左のハムストリングスも、昨日に比べ、全く気にならないぐらいだったから良かった。明日もしっかりがんばるぞ!!

コーチより

目標達成の意欲、意志を忘れず、故障せずにトレーニングを消化して下さい。あと1カ月、ベルリンで有終の美が飾れるように!! 残すトレーニングを大切に!!

8月24日(水)	サンモリッツ 41日目	晴れ
一日の総走行距離 32.5km		

朝練習		
走行距離	15.5km
時 刻	6:10〜7:27
場 所	大きくまわる山のコース

Jog 70分
腕立て×15回

本練習		
走行距離	13.5km
時 刻	16:05〜17:40
場 所	グラウンド

400m×15本(76")

その他		
時 刻	10:30〜11:55

Jog 25分(3.5km)
ウエイト 80％

所感

今日の400mインターバルは、この前の400mインターバルに比べて、けっこう流れるように15本が早く感じるくらいに走れた。(もともと15本で少ないから)まあまあだと思うけど、ちょっと風があるとフォームが気になる。

8月25日(木)	サンモリッツ 42日目	晴れ→くもり
一日の総走行距離54.2km		

朝練習

走行距離	15.7km
時 刻	6:10〜7:30
場 所	上の山

Jog70分
腕立て×15回

本練習

走行距離	38.5km
時 刻	15:20〜18:25
場 所	サメダン

40km
でも35kmでやめる

その他

時 刻	10:20〜11:40

Walk 35分
補強

所感

今日は40kmだったが、35kmで止めてしまった。風が強く、異常に力んでしまい、落ち着いて走れなかった。廣瀬さんにアドバイスされ、やってみるのに、どうしても呼吸が上がり、力が入らない。後半はフラフラだった。ベルリンまであと1カ月という日に…。すごく自分で自分の首をしめることをしてしまったが、気持ちを切り替えて、次がんばりたい。

▷1WEEK TOTAL(8/19-8/25)273.6km

8月26日(金)	サンモリッツ 43日目	くもり
一日の総走行距離28.5km		

朝練習

走行距離	13km
時 刻	6:15〜7:30
場 所	サンモリッツ湖と山

Jog 70分(Free)

本練習

走行距離	15.5km
時 刻	16:30〜17:55
場 所	サンモリッツ湖

Jog 80分(Free)

その他

時 刻	

補強(腹筋と背筋だけ)

所感

今日は、昨日のダメージが上体にかなりきていた。特に腰と背中で、脚は左右のハム以外は大丈夫だった。
やはり昨日の走りがどれだけ悪いものだったか、これで痛感する。しかし、治療してもらって、ほぐれた感じがするのと、午後は体全体も力が入り、走りやすかった。朝はちょっとフラフラできつかった。

8月27日(土)	サンモリッツ 44日目	くもり →雨
一日の総走行距離40.4km		

朝練習	走行距離	15.0km
	時 刻	6:10〜7:30
	場 所	大きくまわる方の山

Jog 70分
腕立て×15回

本練習	走行距離	20.4km
	時 刻	16:15〜18:05
	場 所	上の山

Long Jog
※午後から雨が降り続く…。
Jog 90分
(本来フロートもだったが、
雨が止まずLongJogのみ)

その他	時 刻	10:25〜11:50

Jog 30分(5km)
補強A

所感

今日はLongJog。昨日のダメージがすっかりなくなったみたいで、午後はあまり感じずに走れた。朝はちょっとところどころ張っていたけど、それも午後にはなくなっていた。午前中、補強でちょっとほぐれたのもあるかもしれない。明日からまたやるぞ!!

8月28日(日)	サンモリッツ 45日目	くもり →晴れ
一日の総走行距離37.7km		

朝練習	走行距離	15.7km
	時 刻	6:10〜7:30
	場 所	上の山

Jog 70分
腕立て×15回

本練習	走行距離	17.5km
	時 刻	15:30〜17:35
	場 所	サメダン※1325mの小さいコースで。

2km×5本(P＝6'30"〜 6'35")
①6'30"5
②6'28"
③6'27"
④6'27"
⑤6'24"

短いフロート×3本

その他	時 刻	10:10〜11:50

Walk 10分
Jog 30分(4.5km)
ウエイト 80％

所感

今日は2kmのインターバルだったが、風が強くても、いつものコースではなく、向かい風と追い風とどちらも影響のあるコースで走った。今日はリズムに乗れ、向かい風でも大幅に落ちることはなかったし、何より追い風だけのときは自分だけの力ではない気がするから、今日のは自信になった。明日も集中、集中!!

AUGUST　SEPTEMBER

8月　9月

29 → 4

ベルリンマラソンまであと4週

1週間の走行距離
288.1km

再チャレンジの40km走で
コースレコード

　8月29日の「30km走」は再びコースレコード。そして、9月2日には、前の週に終わらせるはずだった「40km走」に再び挑みました。距離走も、インターバルなどのスピード練習も好記録で走っており、スピードに自信はついていたはず。仕切り直しの「40km走」も、今度はコースレコードで走り切ることができました。野口自身も本番に向けて大きな手応えを掴んだことでしょう。(廣瀬)

8月29日(月)　サンモリッツ 46日目　晴れ

一日の総走行距離 54.2km

朝練習		
走行距離	15.7km	
時　刻	6:10〜7:30	
場　所	上の山	

Jog 70分
腕立て×15回

本練習		
走行距離	35.5km	
時　刻	15:35〜18:15	
場　所	サメダン	

30km
TOTAL 1°46'29"
　5km　　　17'50"
10km　　　35'43"（17'53"）
15km　　　53'31"（17'48"）
20km　1°11'18"（17'47"）
25km　1°28'59"（17'41"）
30km　1°46'29"（17'30"）

※CR（コースレコード）

その他		
時　刻	10:20〜11:40	

走ったり歩いたり30分（3km）
補強B

所感

今日は最後の30kmだったため、風も強かったが、悔いの残らないように走った。坂の上りもいつもより良いリズムで走れたし、向かい風のところも、この前のように力まず走れて、まずまずだと思う。

	8月30日(火)	サンモリッツ 47日目	晴れ
	一日の総走行距離 28km		

朝練習	走行距離	13km
	時　刻	6:10〜7:30
	場　所	チェレリーナ
	Jog 70分(Free)	

本練習	走行距離	15km
	時　刻	16:45〜18:10
	場　所	シルバプラナの方
	Jog 80分(Free)	

その他	時　刻	

所感

今日はちょっと皆に迷惑をかけてしまい、本当に申し訳なかったです。自分勝手なことをして、自分のことしか考えていない行動でした。しかし、これから自分がやっていく上で、見失っていた大切なこと(前にも言われていたことですが)に改めて気付き、感じました。しっかり、もっとしっかり根を張らなければ！

	8月31日(水)	サンモリッツ 48日目	晴れ
	一日の総走行距離 41.5km		

朝練習	走行距離	15km
	時　刻	6:10〜7:30
	場　所	大きくまわる山道
	Jog 70分 腕立て×15回	

本練習	走行距離	22km
	時　刻	16:00〜17:50
	場　所	上の山道
	Jog 95分 フロート120mくらい×10本	

その他	時　刻	10:20〜11:50
	Walk 5分 Jog 30分(4.5km) 補強C	

所感

今日はLongJogだった。体全体的に調子も悪くはないし、まずまずだと思う。もう8月も終わり、いよいよ9月に突入。そして、ベルリンももうすぐだ…。自分の気持ちの中も少しずつ盛り上がってきた。

8月TOTAL 走行距離
1161.3km

9月1日(木)	サンモリッツ 49日目	晴れ
一日の総走行距離32.5km		

朝練習

走行距離	15.5km
時刻	6:10〜7:30
場所	上の山

Jog70分
暗くなってきたから湖の横から山へ

腕立て×15回

本練習

走行距離	13km
時刻	16:05〜17:40
場所	グラウンド

400m×15本(P＝76")
だいたい73"〜74"で走れた。

その他

時刻	10:20〜11:55

Walk 5分
Jog 25分(4km)
ウエイト 80％

所感

今日は400mだったが、動きが良く、76"〜75"のつもりで走った感じなのに、前倒しで余裕をもって走れた。呼吸も合っていたし、後半になってやっと慣れてきたのかな? という感じだった。明日も集中して走ろう。

▷1WEEK TOTAL(8/26-9/1)262.8km

9月2日(金)	サンモリッツ 50日目	晴れ→くもり
一日の総走行距離60km		

朝練習

走行距離	15.5km
時刻	6:10〜7:30
場所	上の山

Jog 70分
腕立て×15回

本練習

走行距離	44.5km
時刻	15:20〜18:30
場所	グラウンド

40km
TOTAL2°23'15"　※CR(コースレコード)

5km	17'51"	
10km	35'51"	(18'00")
15km	53'43"	(17'52")
20km	1°11'37"	(17'54")
25km		(17'49")
30km	1°47'	(17'51")
35km	2°05'	(17'59")
40km	2°23'15"	(17'56")

その他

時刻	

Walk30分
補強Free3セット

所感

今日はここでの、この期間の最後の40kmだった。最初ちょっと速いかな?　と思ったが、だいたい同じようなリズムで押していけた。良い感じでここのコースレコードを出せたと思うし、天気も味方してくれたみたいで絶好の走り日和だ。

9月3日(土)	サンモリッツ 51日目	晴れ	9月4日(日)	サンモリッツ 52日目	晴れ
一日の総走行距離30.9km			一日の総走行距離41km		

朝練習	走行距離 10.5km 時刻 6:30〜7:40 場所 シルバプラナ Jog 60分 Free		朝練習	走行距離 15km 時刻 6:10〜7:30 場所 大きくまわる山道 Jog 70分 腕立て×15回	
本練習	走行距離 20.4km 時刻 11:15〜12:30 場所 シルバプラナ Jog 70分 Free		本練習	走行距離 21km 時刻 16:00〜17:50 場所 上の山道 Jog 90分 フロート120m×10本	
その他	時刻		その他	時刻 10:20〜11:55 池のまわりを2.5km折り返し Jog 30分(5km) Walk 5分 補強A	
所感	今日は体全体に昨日の40kmのダメージがあった。ゆっくりJogしているのに、きつく感じたし、バリバリだったが、背中とかの張りはいつもより良い。 その他も40kmを走ったわりには、いつもよりは良いと言われたし、まあまあかな？と思う。		所感	今朝は足のあちこちで、ちょっと一時的な部分、部分の痛みがあった（ずっとではないので大丈夫）。やっぱり40kmがだいぶきいているみたいだ。自分でも超音波などでケアしたい。	

SEPTEMBER

9月

5 → 11

ベルリンマラソンまであと3週

1週間の走行距離
245.6km

苦手な「5km×3本」での好記録に手応え

　最後の40km走を終えてからは、徐々に量を落とし、総仕上げに入っていきます。9月6日の「5km×3本」は、野口が最も苦手としている練習です。それなのに、レースペースに近い16分30秒設定のところ、3本とも設定より速く、最後の1本は15分台でこなしました。これで日本記録への手応えが確かなものになりました。9月10日の練習は腰痛で途中で止めています。そんなに影響はなさそうでしたが、無理はしないでおこうという判断でした。（廣瀬）

9月5日(月)	サンモリッツ 53日目	晴れ
一日の総走行距離36.9km		

朝練習	走行距離	15.4km
	時刻	6:10～7:30
	場所	上の山道
	Jog 70分 腕立て×15回	

本練習	走行距離	16.5km
	時刻	16:10～17:45
	場所	グラウンド
	12000mビルドアップ (P＝92"-90"-88"-86"-84"- 82"/400m) ※2000mごとにペースを変える フロート×5本	

その他	時刻	10:20～11:55
	Walk 5分 Jog 30分(5km) ウエイト	

所感　今日はビルドアップ。風がまた強い中の練習だったが、上体はそんなに力まず走れて、ちょっとペースがかぶっても、あまり焦らず、落ち着いて走れた。今思えば、前半は慣れていなかったのもあるけど、落ち着きがなかったから走りにも影響していたんだと思った。明日は5km。集中と落ち着き、またがんばろう。

監督より
> 1日、1日がレースに向けての仕上げ。自信の持てる結果になるよう集中することを考えて取り組む!!

9月6日(火)	サンモリッツ 54日目	晴れ		9月7日(水)	サンモリッツ 55日目	晴れ
一日の総走行距離44.9km				一日の総走行距離27.5km		

朝練習	走行距離 15.4km		朝練習	走行距離 12.5km	
	時刻 6:10〜7:30			時刻 6:10〜7:30	
	場所 上の山道			場所 シルバプラナ	
	Jog 70分 腕立て×15回			Jog 70分(Free)	

本練習	走行距離 22.5km		本練習	走行距離 15km	
	時刻 11:00〜13:10			時刻 11:00〜12:30	
	場所 サメダン			場所 サメダンの方へ	
	5km×3本(P=16'30") ①16'08" ②16'06" ③15'54" 風が強いため500m Point →4.5km Point⤴3.5km Pointまで 追い風を使ったコース			Jog 80分	

その他	時刻 17:00〜18:05		その他	時刻	
	Jog 40分(7km／サンモリッツ湖) 補強				

所感	今日はロングインターバルの5kmを3本だった。風が強く、追い風を使ったコースだったが、いつもよりは力まず(ちょっと力みが入っていたかもしれないけど)走れたと思う。9月に入って、気持ちも身体も盛り上がってきたみたい。		所感	昨晩、高橋さんに診てもらった時に言われたが、体全体けっこう良い感じみたいで、今日は背中とかはそんなに張りがなかった。朝はふくらはぎが張っているような気もしたが、午前中は大丈夫だった。まずまずみたいだし、明日からまたがんばるぞ!	

		9月8日(木)		サンモリッツ 56日目	晴れ
		一日の総走行距離 41.8km			

朝練習

走行距離	15.5km
時刻	6:10〜7:30
場所	大きくまわる山道

Jog 70分
腕立て×15回

本練習

走行距離	21km
時刻	15:45〜17:40
場所	上の山道

Jog 90分
フロート×10本

その他

時刻	10:15〜11:45

Walk 10分
Jog 30分(5.3km／湖の周り)
補強B

所感

今日はLongJogとフロートだったが、まずまずリズム良く走れたと思う。
体の調子も良いみたいだし、サンモリッツにいるのもあとちょっとになったけど、一つ一つ集中して走りたい。

▷1WEEK TOTAL(9/2-9/8)275.1km

		9月9日(金)		サンモリッツ 57日目	くもり →雨
		一日の総走行距離 37.5km			

朝練習

走行距離	15.5km
時刻	6:10〜7:30
場所	上の山

Jog 70分
腕立て×15回

本練習

走行距離	17km
時刻	16:50〜18:15
場所	サンモリッツ湖

ペース走の予定だったが、
強雨のため変更

Jog 68分
池の周り4.3kmを4周。
だいたい3'50"〜3'45"の間で

その他

時刻	10:20〜11:55

Walk 5分
Jog 30分(5km／湖の周り)
ウエイト80％

所感

今日は予想外に午後、雨が降り続いて、ペース走が変更になった。
小雨の中、池の周りを走ることになったが、リズムとしてはまあまあの感じで走れたと思う。ちょっと左脚のハムが張った感じがしたけど、治療の時、ほぐれたし、そんな強い張りでもないみたいだった。

9月**10**日（土）	サンモリッツ 58日目	くもり →雨
一日の総走行距離 30km		

朝練習	走行距離	15.5km
	時　刻	6:10〜7:30
	場　所	湖、上の山
	Jog 70分 腕立て×15回	

本練習	走行距離	14.5km
	時　刻	15:35〜17:-
	場　所	サメダン
	2km×5本（P＝6'25"） ①6'22" ②6'24"9 ③6'27" ※5本だったが、左腰痛のため3本で止める	

その他	時　刻	10:20〜11:45

所感

今日は2kmのインターバルだったが、ちょっと力みすぎてしまい、ちょっと気になっていた腰に負担をかけてしまった。逆に、一番気になっていた左ハム（お尻のすぐ下）は速い動きをしたことでほぐれたと思うが、腰にちょっときてしまった。マッサージ、灸などでしっかりほぐしてもらったり、ストレッチでほぐしていきたい。この2カ月を絶対に無駄にしたくない！

9月**11**日（日）	サンモリッツ 59日目	ちょっと雨
一日の総走行距離 27km		

朝練習	走行距離	13.5km
	時　刻	6:10〜7:30
	場　所	サンモリッツ湖
	Jog 70分（ほぐし）	

本練習	走行距離	13.5km
	時　刻	16:00〜17:25
	場　所	グラウンド
	Jog70分 ためしの流し×5本	

その他	時　刻	

監督より

走る時の気持ち、意識もフォームに影響し、また、筋肉の張りとして出ていると思う!!（力み）
大会に向けての調整段階に有る時、自分の身体の状態を一番判る本人が十分把握し、適確に、廣瀬コーチに報告すること。（報・連・相が大切!!）

所感

今日は、昨晩マッサージと鍼と灸などしっかり治療してもらったからか、昨日の練習中や練習後よりもだいぶ良くなった。午前中もしっかり診てもらい、午後のJogもさらに良くなった感じだった。気をつけたいけど、あまり気にしすぎず、自然の走りでこれからがんばりたい。

SEPTEMBER

9月

12→18

ベルリンマラソンまであと2週

1週間の走行距離
209.3km

**徐々に練習量を落とし、
20km走で総仕上げ**

　9月12日の「20km走」がサンモリッツ合宿での総仕上げの練習となりました。2日前の腰痛の影響はなく、かえってリフレッシュになったような気がします。最後の「20km走」は、強風があったにもかかわらず、コースレコードで走り切りました。翌日にはサンモリッツを後にし、いったん日本に帰国。時差を考えれば直接ベルリンに入るほうが楽ですが、合宿期間が長かったので、一度リフレッシュしようという判断でした。（廣瀬）

		9月12日(月)	サンモリッツ 60日目	くもり →晴れ
		一日の総走行距離46.8km		

朝練習

走行距離	16km
時　刻	6:10～7:30
場　所	サンモリッツ湖

Jog 70分
腕立て×15回

本練習

走行距離	26.5km
時　刻	15:45～17:55
場　所	サメダン

16:25スタート
20km（P＝17'10"/5km～）
TOTAL 1°07'25"　※CR（コースレコード）
　5km　　　16'34"
　10km　　　33'27"（16'53"）
　15km　　　50'30"（17'03"）
　20km　　1°07'25"（16'55"）
　10～20km　33'58"

その他

時　刻	10:15～

Walk 10分
Jog 25分(4.3km)
補強

所感

今日は今回のサンモリッツでの最後の練習。腰の方もすっかり良くなって、走っていても普通だった。最初とばしすぎて、後半、風もあってか、落ちてしまった。でも、少しつかめるものがあった。その感覚を大事にしたいが、ペースを意識して維持しなければ!!

9月13日(火)	サンモリッツ 61日目	くもり →晴れ
一日の総走行距離 18km		

朝練習	走行距離	18km
	時　刻	6:05〜7:45
	場　所	サンモリッツ湖
	Jog 90分 Free	

本練習	走行距離	
	時　刻	
	場　所	

その他	時　刻

所感
今日でサンモリッツの合宿も終わり、日本に一時帰国してベルリンに行く。移動や、気温の差による体調管理に気をつけたい。

9月14日(水)	サンモリッツ →日本	－
一日の総走行距離 8km		

朝練習	走行距離	
	時　刻	
	場　所	

本練習	走行距離	8km
	時　刻	
	場　所	
	Jog 40分	

その他	時　刻

所感
夕方、日本に帰ってきてJog。

9月15日(木)	ベルリンまで あと10日	晴れ

一日の総走行距離 36.5km

朝練習

走行距離	15km
時　刻	6:00〜7:20
場　所	嵐山

Jog 70分
けんすい×10

本練習

走行距離	17km
時　刻	16:30〜18:00
場　所	西京極SG

Jog 80分

その他

時　刻	10:35〜12:25

Jog 30分(4.5km)
ウエイト80％

所感

今日は久々に京都で練習したが、朝、午前中くらいまでは足がちょっと棒のようだった(飛行機で)。午後はLongJogだったし、だいぶすっきりして良かった。呼吸の方は、まあまあだと思う。

▷1WEEK TOTAL(9/9-9/15)200km

採血

**1MONTH TOTAL
(8/15-9/14)**

1,114km

9月16日(金)	ベルリンまで あと9日	晴れ→ くもり

一日の総走行距離 31.5km

朝練習

走行距離	16km
時　刻	6:00〜7:20
場　所	嵐山

Jog 70分
けんすい×10回

本練習

走行距離	16km
時　刻	16:40〜17:50
場　所	嵐山

Jog 60分
120mくらいのフロート×10本

その他

時　刻	

所感

今日もJogとフロートだったが、呼吸と動き、共にまあまあ軽く、フロートも良い感じで走れた。まだポイントを走っていないからわからないが、まあまあ大丈夫だと思う。

アシックスにて
足型測定

			ベルリンまで あと8日	晴れ→ くもり
9月17日(土)				
一日の総走行距離 34.5km				

朝練習	走行距離	14.5km
	時 刻	6:00〜7:15
	場 所	嵐山
	Jog 60分 けんすい×10回	

本練習	走行距離	20km
	時 刻	16:30〜18:10
	場 所	NTTグラウンド
	16000mビルドアップ (P=88"-86"-84"- 82"/400m) ※4000mごとに2秒ずつアップ だいたい前倒しで、 TOTAL 54'	

その他	時 刻	

所感	今日は16000mのビルドアップだった。4000mごとに上がっていく、(マラソンレース前の)いつものビルドアップだったが、今までの中で一番楽に走れたと思う。リズム良く、呼吸も楽だった。ただ、最後まで油断は禁物。レースまではいろんなことに気をつけて集中したい。

			ベルリンまで あと7日	晴れ
9月18日(日)				
一日の総走行距離 33.5km				

朝練習	走行距離	13.5km
	時 刻	6:00〜7:20
	場 所	嵐山
	Jog 70分 Free けんすい×10回	

本練習	走行距離	15.5km
	時 刻	16:30〜18:00
	場 所	嵐山
	Jog 80分 Free 120mくらいフロート×7本	

その他	時 刻	10:45〜12:25
	Jog 25分(4.5km) 補強	

所感	今日はJog。ちょっと暑かったけど、まあまあリラックスして走れた。明日は5km、3km、1km。しっかり追い込んで仕上げたい。

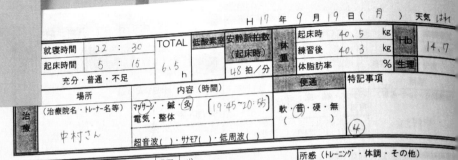

				H 17 年 9 月 19 日 (月) 天気 はれ				
就寝時間	22 : 30	TOTAL	低酸素室	安静脈拍数（起床時）	体重	起床時 40.5 kg	Hb	14.7
起床時間	5 : 15	6.5 h		48 拍／分		練習後 40.3 kg	生理	
充分・普通・不足						体脂肪率　　　　％		

	場所	内容（時間）		便通	特記事項
治療	（治療院名・トレーナー名等） 中村さん	マッサージ・鍼・灸 電気・整体 超音波（ ）・サモア（ ）・低周波（ ）	[19:45~20:45]	軟・普・硬・無 （　　　　）	④

所感（トレーニング・体調・その他）

今日は最終調整の 5km と 3km、1km だった。熱帯雨林のように蒸し暑くてきつかったが、呼吸、足の運びはリズム良かったし、まだだったので、リラックスして、やる事はやった。あとは出しきるだ、試合まで気をぬかない。

朝練習

練習開始時間	6 : 00	場所	嵐山
練習終了時間	7 : 15	意欲	5・4・③・2・1

内容：　　　　　　　　　　　　　　　　けんすい×10

JOG60分

走行距離 14 km

本練習

練習開始時間	16 : 30	場所	亀山
練習終了時間	18 : 15	意欲	⑤・4・3・2・1

内容・結果：

	(16'00")
5km	15'38"
3km	9'14" (9'15")
1km	2'59"

走行距離 16.5 km

その他

練習開始時間	10 : 40	場所	Tr. Room
練習終了時間	12 : 20	意欲	⑤・4・3・2・1

内容：　ウェイト（ 80 ％）／補強（　　　　　　）

JOG
Walk30分

ベンチプレス32.5kg 10×3　　レッグプレス58.5kg 10×3
スクワット 65kg 10×3　　ダンベルフライ4kg 10×3
ラットプル 22.5kg 10×3　　マルチヒップ（内）54.5kg 10×3
レッグエクステンション23kg 10×3　　　　　　　　　 10×3
ジュアウェイ4kg 10×3　　レッグカール #7kg 10×3
　　　　　　　　　　　　　　　　　#6.25kg

走行距離　　 km

☆一日の総走行距離　30.5

	朝食	昼食	夕食			
食事	⑩寮食	⑩寮食	⑩寮食 ＋豆乳	薬・サプリメント	ヘマニック	錠/回
					ヘム鉄	錠/回
					フェロミア錠	錠/回
					シナール錠	錠/回
					バンビタン	錠/回
					キヨレオピン	C/回
						錠/回
						錠/回
					アミノバイタル・プロテイン・	
					カルファ・田七・Feタブ・C	
	食欲	食欲	食欲			
	⑤・4・3・2・1	⑤・4・3・2・1	⑤・4・3・2・1			

BERLIN ①

就寝時間	23 : 00	TOTAL	低酸素室	安静脈拍数（起床時）	体重	起床時	40.6	kg	Hb	
起床時間	4 : 30	5.5 h		48 拍／分		練習後	41.0	kg		
充分・普通・不足						体脂肪率		％ 生理		g／dl 日目

H 17 年 9 月 20 日（ 火 ） 天気

場所	内容（時間）	便通	特記事項
（治療院名・トレーナー名等）	マッサージ・鍼・灸 電気・整体 〔 : ～ : 〕	軟・普・硬・無 （ ）	
	超音波（ ）・サモア（ ）・低周波（ ）	⑤	

練習開始時間	5 : 00	場所	河川敷
練習終了時間	5 : 45	意欲	5・4・3・②・1

内容：

JOG 40分

走行距離 8 km

練習開始時間	18 : 15	場所	公園
練習終了時間	19 : 20	意欲	5・4・3・②・1

内容・結果：

JOG 60分

走行距離 12 km

練習開始時間	:	場所	
練習終了時間	:	意欲	5・4・3・2・1

内容： ウェイト（ ％）／ 補強（ ）

走行距離 km

所感（トレーニング・体調・その他）

今日からベルリン入りだ。気を引き締めて最後まで気を抜かずに最終調整、（レースまで）体調管理気を付けたい。でも、ある程度リラックス、リラックス。

☆一日の総走行距離 20 km

朝食	昼食	夕食	薬・サプリメント		
食	寮食	寮食	ヘマニック	錠/回	朝・昼・夕
		・パン	ヘム鉄	錠/回	朝・昼・夕
		・ローストビーフ	フェロミア錠	錠/回	朝・昼・夕
		・大根	シナール錠	錠/回	朝・昼・夕
		・野菜	パンビタン	錠/回	朝・昼・夕
		・大きなソーセージ	キヨレオピン	C/回	朝・昼・夕
			ミネラルバランス	1 錠/回	朝・昼・⑨
			コルディア	1 錠/回	朝・昼・⑨
			アミノバイタル・プロテイン・ジョグメイト		
食欲	食欲	食欲	カルファ・田七・Feタブ・Cタブ・アイアン		
5・4・3・2・1	5・4・3・2・1	5・4・3・2・1			

SEPTEMBER

9月

19 → 25

ベルリンマラソンまであと1週

1週間の走行距離
214.8km

本番3日前にペースメーカーと「2km×2本」で最終刺激

9月19日に京都で最終調整の「5km + 3km + 1km」を実施しました。設定を大きく上回り、上々の仕上がりでした。翌日には、いよいよベルリンへ。体調管理に気をつけつつ、コースの下見などを行いました。本番3日前には、当日のペースメーカーと一緒に、最終刺激として「2km×2本」を実施。心身ともに良い状態で、本番を迎えることができました。アドレナリンが出ていたので痛みが気にならなかったのか、後に右足の疲労骨折が発覚しますが…。(廣瀬)

9月19日(月)　ベルリンまであと6日　晴れ

一日の総走行距離34.8km

朝練習

走行距離	14km
時　刻	6:00〜7:15
場　所	嵐山

Jog 60分
けんすい×10回

本練習

走行距離	16.5km
時　刻	16:30〜18:15
場　所	嵐山

5km	15'38" (設定タイム16'00")
3km	9'14" (設定タイム9'15")
1km	2'59"

その他

時　刻	10:40〜12:20

Walk 30分(4.3km)
ウエイト80%

所感

今日は最終調整の5kmと3kmと1kmだった。熱帯雨林のように蒸し暑くてきつかったが、呼吸と足の運びはリズム良かったし、まあまあだったので、リラックスして、やるだけのことはやった。あとは出し切るだけ!!　試合まで気を抜かない。

9月20日(火)	日本→ベルリン1日目	くもり→晴れ
一日の総走行距離 20km		

朝練習	走行距離	8km
	時　刻	5:00〜5:45
	場　所	河川敷
	Jog 40分	

本練習	走行距離	12km
	時　刻	18:15〜19:20
	場　所	公園
	Jog 60分	

その他	時　刻	

所感

今日からベルリン入りだ。気を引き締めて、最後まで気を抜かずに最終調整。（レースまで）体調管理に気をつけたい。でも、ある程度リラックス、リラックス。

9月21日(水)	ベルリン2日目	くもり
一日の総走行距離 31.5km		

朝練習	走行距離	14.5km
	時　刻	7:00〜8:10
	場　所	ホテル近くの公園
	Jog 65分	

本練習	走行距離	17km
	時　刻	16:30〜18:10
	場　所	公園
	Jog 70分 フロート×10本	

その他	時　刻	

所感

今日は試走（下見）だった。平坦で、くもっていて涼しければ、本当に走りやすそう。ただ、カーブが少し足に負担がかかるかな？と思うが、最短距離で走れるポイントだと思うから走り方にかかってくるなと思った。気持ちが盛り上がってきたぞ!!

9月22日(木)	ベルリン3日目	晴れ

一日の総走行距離26km

朝練習

走行距離	14.5km
時　刻	6:30〜7:35
場　所	公園

Jog 65分

本練習

走行距離	11.5km
時　刻	16:35〜17:55
場　所	公園(サイクリングロード)

2km×2本(P＝6'20")
①6'18"
②6'17"

その他

時　刻	

所感

今日はペースメーカーの人と一緒に2kmを2本走った。設定ペースで走ってくれたし、後ろでも横でも走りやすかった。最短で走ることとかを考えたら後ろで走った方が良い(動ける)ということもあるから、意識して走りたい。

▷1WEEK TOTAL(9/16-9/22)207.5km

記者会見

9月23日(金)	ベルリン4日目	晴れ

一日の総走行距離28.5km

朝練習

走行距離	13.5km
時　刻	6:30〜7:45
場　所	公園

Jog 70分 Free

本練習

走行距離	15km
時　刻	16:20〜17:30
場　所	嵐山

20km→35km
試走Check
Jog 65分

その他

時　刻	

所感

今日は試走Jogだった。25km過ぎにちょっとupdownがあるのと、33〜34km付近が、路面が少し斜めになっているのが気になった。車の中では気付かなかった所が改めて見られて良かった。

9月24日(土)　ベルリン5日目　晴れ

一日の総走行距離 23.5km

朝練習

走行距離	13km
時　刻	6:30～7:35
場　所	公園

Jog 60分

本練習

走行距離	10.5km
時　刻	11:30～12:50
場　所	公園

Jog 50分
フロート×8本

その他

時　刻	

所感

いよいよ明日は本番だ。早く走りたくてウズウズしてるのと、ドキドキしているのと半分半分。それに、明日、練習で40km走るような気もしてきて、気持ちは盛り上がってきているみたいだ！　がんばるぞ。この2カ月の練習を無駄にしたくない。

9月25日(日)　晴れ

一日の総走行距離 50.5km

朝練習

走行距離	5.5km
時　刻	4:15～5:50
場　所	ホテル前の道路

Jog 30分

ベルリンマラソン

走行距離	45km
時　刻	8:15～11:20
場　所	

9:00スタート

ストレッチ8:00～
w-up（ウォーミングアップ）8:15～
20分軽くJog フロート4～5本

2°19'12"
1位
自己新
日本新
アジア新

（5kmごとのラップ・スプリット）
```
  5km        16'24"
 10km        32'53" (16'29")
 15km        49'22" (16'29")
 20km     1°05'43" (16'21")
                   (ハーフ1°09'19")
 25km     1°22'12" (16'29")
 30km     1°38'48" (16'36")
 35km     1°55'19" (16'31")
 40km     2°11'53" (16'34")
finish    2°19'12" (7'19")
```

所感

今日はベルリンマラソンだった。
とうとうきてしまった、という感じだったが、ウォーミングアップの時はリラックス出来た。2カ月やってきたことを100%出すぞ！　と思いながら走ったが、ペースメーカーの人達が上手くひっぱってくれたからリズム良く走れ、（日本記録樹立を）達成することができた。

「世界一の練習」で日本新記録を達成

これまでの練習を結果に
つなげるために
不安要素を一つ一つ取り除く

　サンモリッツ合宿を終えて京都に戻っている間に、とんでもないアクシデントに見舞われました。それは、レース1週間前に嵐山東公園でジョグをしている最中のことでした。土の道を走っていたときに、思い切り石を踏んづけてしまったのです。その瞬間「あっ、痛っ！」と激痛が走りました。ゆっくり走ると接地時に痛みを覚えましたが、走ること自体はできていたので、そのときは大したことはないと思っていました。しかし、レース後に判明したことですが、痛みを感じた箇所は、実は疲労骨折をしていたのです。

　もし、このアクシデントに見舞われたのがマラソントレーニング中だったとしたら、おそらくレースをキャンセルしていたと思います。レース直前でアドレナリンが出ていて痛みに鈍感だったこともありますが、後で振り返ったときには冷や汗が出ました。

　このできごとは、今でも鮮明に思い出せるほどです。それにもかかわらず、練習日誌には記載されていません。ここまで順調に来ていて、気持ちも高まっていただけに、マイナスなことを書いてモチベーションを下げたくなかったので、あえて記しませんでした。

　そんなことがありながらも、レース5日前にベルリン入り。何回かに分けて、コースの下見を行いました。本当に平坦で走りやすそうなコースだなという印象でしたが、案外カーブが多く、最短距離のコース取りがポイントになりそうでした。また、実際に自分の足で走ってみると、路面に傾斜がある場所もあり、下見をして良かったなと思いました。あとは気象条件さえ整えば、タイムは出るだろうと思うと、一層気持ちが盛り上がっていきました。

　ベルリンマラソンは男女混合レースなので、男性ランナーがペースメーカーについてくれることになっていました。しかし、ここにも「まさかの事態」がありました。いきなり本番を迎えるのが心配だったので、レース3日前の最終刺激を、ペースメーカーを務めてくれる男性ランナーの方々と一緒に行うことにしました。私は、背丈は小さいですが、ストライドは大きいので、後ろにつく際の距離感や位置関係を確認しておきたかったからです。最終刺激は2kmを2本（①6分18秒、②6分17秒）走りました。ペースメーカーの後ろでも横でも走りやすいことは確認できたのですが、一方で、私のほうは余裕があったのに、ペースメーカーの方々はかなり呼吸が荒く、かなりきつそうに見えました。「この人たち、本当に大丈夫なのかな……」と不安を覚えて、それを廣瀬コーチに伝えたところ、レースディレクターの方に交渉してくださり、急遽ケニア人の男性ランナーが、もともとのペ

ースメーカーがダメだったときの保険として、一緒に引っ張ってくれることになりました。

　結果的には、この判断が大正解！　結局、最後まで引っ張ってくれたのは、そのケニア人の方だったからです。事前に確認をしておいて、本当に良かったと思いました。こうやって事前確認を行い、不安要素を一つ一つなくしていくことも、レースで結果を出すための大事な要素です。

　レース前日は、早く走りたくてウズウズ、ワクワクしている高揚感と、ドキドキの不安感とが半分半分でした。ここまでやってきたことを無駄にしてはいけないと、気持ちを引き締めました。

　レース当日を迎えると、前日とは打って変わって、不思議と気持ちが落ち着いていました。スタート5時間前の4時に起床し、朝練習は短めに30分ジョグ。ウォームアップとして、1時間前からストレッチと軽めのジョグをしました。

　天候は、前年の小雨とは違って、快晴。少し暑く感じたので絶好のマラソン日和というわけではありませんでしたが、練習で40km走を行うような軽い気持ちでレースに臨もうと号砲を待ちました。

　スタートすると4人のペースメーカーについて、5kmを16分30秒を切るペースで快調に飛ばしました。中間点は1時間9分19秒で通過。そこから少しだけラップが落ちましたが、35kmくらいまでは本当に気持ち良く走ることができました。その頃には、13度だった気温が20度まで上がり、そこからきつくなりました。路面が想像以上に硬く感じましたし、事前に分かっていたことでしたが、カーブの多さにも苦しめられました。左ふくらはぎが痛くなり、足にはマメができていました。最後の5kmがどれほど苦しかったことか……。それでも、残っている力を振り絞り、35〜40kmを16分27秒にまでペースアップできました。

　ベルリンのシンボル、ブランデンブルク門をくぐると、フィニッシュ地点が見えてきます。あと少しのはずなのに、そこからがとてつもなく長く感じました。でも、アテネのときと同じように、特設のスタンドから多くの歓声が私を迎えてくれます。そして、女子優勝のフィニッシュテープを切り、2時間19分12秒の日本新記録を樹立しました。アジア記録とコース記録も塗り替える、世界歴代3位（当時）の記録でした。

　もう少し涼しければ、2時間18分台を出せたのかもしれません。そう思うと、少しだけ残念にも思いましたが、目標に掲げていた日本記録を更新できたことは、素直に誇らしかったです。

　「世界一の練習」の成果を発揮することができ、私の座右の銘である「走った距離は裏切らない」を証明できた42.195kmの道のりだったと思います。

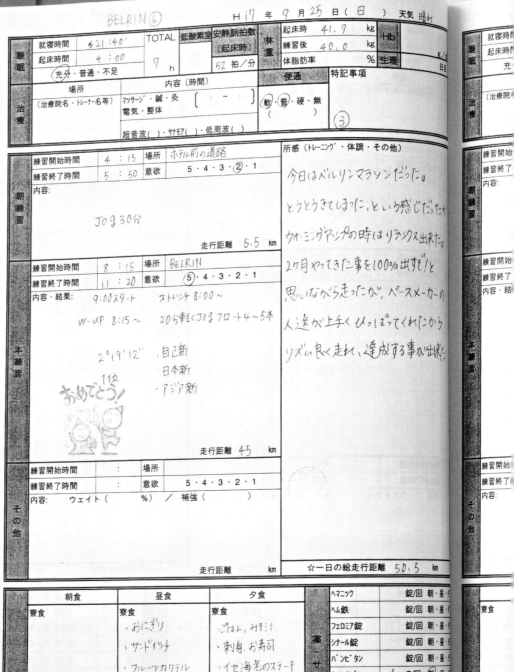

BELRIN ⑥　　　H17 年 9 月 25 日（日　）天気 晴れ

睡眠	就寝時間	6:21:40'	TOTAL	低酸素室	安静脈拍数（起床時）	体重	起床時	41.7	kg	Hb	
	起床時間	4:00	7 h		52 拍/分		練習後	40.0	kg		
	充分・普通・不足						体脂肪率		%	生理	日目

治療	場所（治療院名・トレーナー名等）	内容（時間）	便通	特記事項
		マッサージ・鍼・灸［ ：～ ：］ 電気・整体	軟・普・硬・無（ ）	③
		超音波（ ）・サモア（ ）・低周波（ ）		

所感（トレーニング・体調・その他）

朝練習	練習開始時間	4:15	場所	ホテル前の道路
	練習終了時間	5:50	意欲	5・4・3・②・1

内容:

Jog 30分

走行距離　5.5 km

今日はベルリンマラソンだった。
とうとうきてしまった、という感じだったが、
ウォーミングアップの時はリラックス出来た。
2ヶ月やってきた事を100%出すぞ！と
思いながら走ったが、ペースメーカーの
人達が上手くひっぱってくれたから
リズム良く走れ、達成する事が出来た！

本練習	練習開始時間	8:15	場所	BELRIN
	練習終了時間	11:20	意欲	⑤・4・3・2・1

内容・結果:　9:00スタート　ストレッチ 8:00～

W-UP 8:15～　　20分軽くJog フロート4～5本

2°19'12"　・自己新
　　　　　・日本新
1位　・アジア新

おめでとう！

走行距離　45 km

その他	練習開始時間	:	場所	
	練習終了時間	:	意欲	5・4・3・2・1

内容:　ウェイト（ %）／ 補強（ ）

走行距離　 km

☆一日の総走行距離　50.5 km

	朝食	昼食	夕食	薬・サプリメント		
食事	寮食	寮食	寮食	ヘマニック	錠/回 朝・昼・夕	
		・おにぎり	・ごはん、みそ汁	ヘム鉄	錠/回 朝・昼・夕	
		・サンドイッチ	・刺身、お寿司	フェロミア錠	錠/回 朝・昼・夕	
		・フルーツカクテル	・イセ海老のステーキ	シナール錠	錠/回 朝・昼・夕	
		・春雨	・ステーキ	バンビタン	錠/回 朝・昼・夕	
			・ほうれん草としいたけ の炒めもの	キヨレオピン	1 C/回 朝・昼・夕	
			・まっちゃアイス		錠/回 朝・昼・夕	
					錠/回 朝・昼・夕	
				アミノバイタル・プロテイン・ジョグメイト		
	食欲	食欲	食欲	カルファ・田七・Feタブ・Cタブ・アイワ		
	5・4・3・2・1	5・4・3・2・1	⑤・4・3・2・1			

ベルリンマラソン当日は、快晴で気温が上がり、絶好のマラソン日和というわけではなかった。それでも「世界一の練習」の成果を存分に発揮し、2時間19分12秒の日本新記録（アジア新、当時世界歴代3位）を樹立して優勝を飾った

SEPTEMBER　OCTOBER

9月　10月

26 → 2

ベルリンマラソン後の1週間

1週間の走行距離
149.5km

**マラソン翌週はジョグとウォークで
疲労抜きに集中**

　レース翌週は、疲労を抜くためのケア
に充てています。練習はジョグやウォー
クのみですが、レース前から気になって
いたという右足に、徐々に痛みが出てき
たようです。

　アテネ五輪の金メダルに続き、日本記
録樹立という目標を成し遂げることがで
きましたが、野口の挑戦はまだまだ続き
ます。(廣瀬)

9月26日(月)
一日の総走行距離 12km

くもり

朝練習	走行距離	6km
	時　刻	8:00〜8:50
	場　所	公園

Jog 60分
けんすい×10回

本練習	走行距離	6km
	時　刻	17:15〜17:55
	場　所	公園

Jog 40分

その他	時　刻	

所感

今朝から一日中足がばりばりだ。昨日、ダ
ウンJogもする時間がなかったから、余計に
筋肉の張りがすごいと思う。少しでもほぐ
してあげたい。

9月27日(火)		ベルリン→日本	
一日の総走行距離 15.5km			

	走行距離	15.5km
朝練習	時　刻	6:30〜7:45
	場　所	公園
	Jog 70分 Free	

	走行距離	
本練習	時　刻	
	場　所	

	時　刻	
その他		

所感	

9月28日(水)		日本に帰国	くもり
一日の総走行距離 16km			

	走行距離	16km
朝練習	時　刻	16:15〜17:55
	場　所	西京極SG
	Jog 80分Free	

	走行距離	
本練習	時　刻	
	場　所	

	時　刻	
その他		

所感	日本に帰ってきた。空港に着いたら、早速マスコミ関係の人がたくさんいてびっくりした。

9月29日(木)		晴れ
一日の総走行距離31km		

朝練習	走行距離	13km
	時　刻	6:00〜7:15
	場　所	嵐山
	Jog 65分 Free けんすい×10回	

本練習	走行距離	16km
	時　刻	16:00〜17:35
	場　所	

その他	時　刻	10:40〜12:20
	Jog と Walk（2km） 補強（各自）	

所感	今日はまだちょっとシャキッとしなかった。時差ボケが残っているのか、気持ち悪いのが残っていた。もうちょっとしたらとれると思うけど、体調には気をつけたい。

9月30日(金)		―
一日の総走行距離27km		

朝練習	走行距離	13.5km
	時　刻	6:00〜7:20
	場　所	嵐山
	Jog 70分 Free けんすい×10回	

本練習	走行距離	13.5km
	時　刻	16:00〜17:25
	場　所	嵐山
	Jog 70分 Free	

その他	時　刻	
	Walk30分 ウエイト	

所感	今日はちょっと右脚の足先の気になっていた所が気になった。アイシングをきちっとやっておきたい。（超音波も）

10月1日(土) 一日の総走行距離 28.5km			晴れ

<table>
<tr><td rowspan="4">朝練習</td><td>走行距離</td><td colspan="2">12.5km</td></tr>
<tr><td>時　刻</td><td colspan="2">6:00〜7:15</td></tr>
<tr><td>場　所</td><td colspan="2">嵐山</td></tr>
<tr><td colspan="3">Jog 60分 Free
けんすい×10回</td></tr>
<tr><td rowspan="4">本練習</td><td>走行距離</td><td colspan="2">16km</td></tr>
<tr><td>時　刻</td><td colspan="2">11:10〜12:50</td></tr>
<tr><td>場　所</td><td colspan="2">太陽ヶ丘</td></tr>
<tr><td colspan="3">Jog 80分 Free</td></tr>
<tr><td rowspan="2">その他</td><td>時　刻</td><td colspan="2"></td></tr>
<tr><td colspan="3"></td></tr>
<tr><td>所感</td><td colspan="3">今日は昨日より右脚の先の痛みがましだった。本練のJogも、まあまあましだったみたいだ。それにしても、10月だというのに、まだ30℃近くあって暑い。あと2カ月で今年が終わり、お正月になるのに、この気温は異常だ…。体調に気をつけたい。</td></tr>
</table>

10月2日(日) 一日の総走行距離 19.5km			くもり

<table>
<tr><td rowspan="4">朝練習</td><td>走行距離</td><td colspan="2">19.5km</td></tr>
<tr><td>時　刻</td><td colspan="2">6:00〜7:30</td></tr>
<tr><td>場　所</td><td colspan="2">サイクリングロード</td></tr>
<tr><td colspan="3">Jog 80分
けんすい×10回</td></tr>
<tr><td rowspan="4">本練習</td><td>走行距離</td><td colspan="2"></td></tr>
<tr><td>時　刻</td><td colspan="2">17:30〜18:30</td></tr>
<tr><td>場　所</td><td colspan="2">サイクリングロード</td></tr>
<tr><td colspan="3">60分 Walk</td></tr>
<tr><td rowspan="2">その他</td><td>時　刻</td><td colspan="2"></td></tr>
<tr><td colspan="3"></td></tr>
<tr><td>所感</td><td colspan="3">今日は朝一回で、ロードでJog。気分が変わって走りやすかった。右脚の気になる部分が、走り始めはちょっと痛くてきつかったけど、走っていくうちに(リズムに乗るうち)消えていった。</td></tr>
</table>

体調が良くないときには無理をせず、きちんと伝える。
トレーニングの効率のためにはそれが最良でした

生理について練習ノートに書き込むことに
少し抵抗があった社会人1年目

　高校を卒業し、実業団に入って1年目は、生理について練習日誌に書き込むことに少し抵抗がありました。生理に関して書き込む欄が日誌になかったので、どこか遠慮のようなものがあったのかもしれません。

　けれど、入社して3年ほど経った22歳の頃に、少しだけ生理痛がひどくなってきました。生理が始まった日の朝とその前の数日間が特にきつくて、腹痛で冷や汗が出てくるようなことがありました。ただ、ウォーミングアップをしていくうちに徐々に痛みが治まってきて、練習が進むにつれてだんだん楽になっていたので、それほど深刻には捉えていませんでした。大きく影響が出なかったのは、練習の質がそれほど高くなかったからかもしれません。チームのマネージャーや先輩に相談して、「おなかを温めるといいよ」とアドバイスをもらったりしたことはありましたが、監督やコーチに言わなければいけないほどではありませんでした。

練習の質が上がるにつれて、
コンディショニングによる影響の大きさを痛感

　練習への影響を意識するようになったのは、2002年の初マラソンに向けて、マラソントレーニングを始めるようになってからです。この頃は生理痛がひどくなることはなくなりましたが、練習は質量ともに上がってきていました。

　負荷の高い練習のときに良好なコンディションで臨めなかったら、トレーニングの効果は望めません。トレーニングの効率を考えると、練習内容を調節するのが最良だと判断したので、生理痛で少しでも調子がよくないときには、監督やコーチに伝えるようにしました。

　生理が始まる直前の体が重くてだるいときにショートインターバルを行なったことがありました。得意な練習のひとつで、いつもは積極的にペースを上げていくのですが、足が重くてまったく走れませんでした。そのときは途中で、「生理前だからちょっときついのだと思います」と理由を話し、練習内容を変更してもらいました。

　最初は「そんなわけないだろう」と不可解な様子だったのですが、具体的に体の状態などを詳しく説明すると、少しずつ理解してもらえるようになっていきました。

　成果につながる効率のいいトレーニングをしていきたいという思いは、私も、監督やコーチも同じなのですよね。

最高の練習を実現するために
自分の体の状態を正確に把握して伝える

　そうやって、少しずつ周囲の意識が変化して、03年の練習日誌には、それまでなかった「生理」についての項目が加わりました。私が24歳のときです。

　この頃には、起床後に基礎体温を測るようにもなりました。毎月、好不調の波があるのが分かってきていたので、それを何らかの数字で検証したいと思ったのです。ある程度予測できるようになって、練習への影響を最小限にできればというのが狙いでした。測定を続けてみると、基礎体温が上がるときに、体がきつい状態になるという傾向がありました。自分自身の体のことをしっかり把握できるようになり、より自信をもって、好不調を周囲に伝えられるようになっていきました。

　私だけでなく、監督もコーチも、支えてくださるスタッフも、チーム全員が、毎日、最高の練習を積み上げたいと願って努力をしています。だからこそ私は、生理についてもそうですが、どんなに些細な点もごまかさずに伝えることが必要だと思っていました。

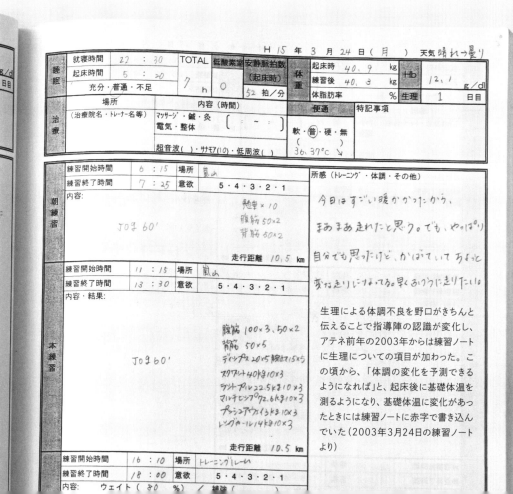

生理による体調不良を野口がきちんと伝えることで指導陣の認識が変化し、アテネ前年の2003年からは練習ノートに生理についての項目が加わった。この頃から、「体調の変化を予測できるようになれば」と、起床後に基礎体温を測るようになり、基礎体温に変化があったときには練習ノートに赤字で書き込んでいた（2003年3月24日の練習ノートより）

競技選手としてだけでなく、
一人の女性として健康な体であること

　それにしても、私は生理に関して苦労が少ないほうだったと思います。競技生活を通して、周期はずっと順調でしたし、生理痛も、練習がまったくできなくなるほどのことはありませんでした。女子選手は、思春期の無理な減量や練習によってホルモンバランスが崩れることで、骨密度が低くなって骨折しやすくなる人が多いようですが、私は骨も比較的丈夫で、疲労骨折をしたときも3週間あれば完治していました。

　これは、思春期だった高校生の頃に、減量を強いられることなく、のびのびと走らせてもらっていたからかもしれません。練習は段階的にレベルアップをして、高校3年生のときには男子と一緒に練習をすることもありましたが、とりわけハードなメニューを無理して行ったということはありませんでした。

　実業団に入ってからは、藤田監督と廣瀬コーチが「走れる体づくり」を行うことに焦点をあてていたので、やみくもに減量を勧められるようなことは一切ありませんでした。陸上選手としてだけではなく、一人の大人の女性として、健康な体でいてほしいということを常に気にかけていただいていたのだなあと、今、振り返ると感じます。

　筋肉のケアはもちろんですが、月に1度の採血や骨密度の検査、定期的な足型測定などがあり、アテネ五輪後には人間ドックで体全体の精密な検査も行いました。それらの数値を見て、専門家の方に説明を受けることで、自分自身も体への意識を高めることができました。

個人差があることだからこそ、
自分から発信して理解を求める必要がある

　生理痛や周期の不安定さなど、女性特有のこの問題は、大きな個人差があると思います。理解あるスタッフ陣、定期的な検査の実施など環境に恵まれて、生理に関しての深刻な悩みがなかった私の経験は、あまり参考にならないかもしれません。

　ただ、個人差があるからこそ、自分自身から発信して周囲に理解をしてもらうことが必要だと思います。コミュニケーションをとって、選手自身と周囲とがお互いに理解を深めることで、女子選手を取り巻く環境はもっと良くなるはずです。それが、効率のいいトレーニングを生み出し、レベルアップへとつながる一番の近道だと思います。

第4章

「脚が壊れるまで走りたい」を貫いて

ベルリンで目標を成し遂げた後は、さらなる記録更新を掲げるも、
たびたびケガに苦しんだ。それでも、2008年北京五輪、
13年モスクワ世界選手権の日本代表に選出されるなど、
第一線で走り続け、16年の名古屋でラストランを迎えるまで、
「脚が壊れるまで走りたい」という信条を貫いた。

2006-2007　さらなる自己記録の更新を目標に
2007-2016　最後まで諦めず、世界の舞台を目指して

さらなる自己記録の更新を目標に

身体の変化を自覚しながら、練習のレベルアップにも貪欲に

　2005年にベルリンマラソンで2時間19分12秒の日本新記録を樹立した後は、再び1年後のベルリンに照準を定めました。目標はもちろん自身の日本記録を塗り替えることです。北京オリンピックまではまだ2年以上ありましたし、私は目の前の目標を一つ一つクリアしていくタイプだったので、記録をさらに更新することを目標に掲げて、モチベーションを上げていきました。

　06年2月の丸亀ハーフでは1時間7分43秒の自己新記録で2位に入りました。日本記録を出した後も好調を維持していたことが分かります。当時の練習日誌を見返すと、「こんな高強度の練習に取り組んでいたのか！」と驚かされます。ただでさえ高い設定なのに、その設定よりも速いタイムでこなしていたのですから、自分自身のことなのに目を見張るものがありました。

　また、さらにレベルアップするために、新しい試みも行なっています。例えば、06年3月31日に実施した「5000m＋5000m＋1000m」というメニューがそうです。それまでは「5000m×3本」というメニューでしたが、ペースの切り替えに対応し、瞬時にぐっとペースを上げられるようにと、最後の1000mでペースアップします。もっとも、私はロングインターバルが嫌いだったので、当時はおそらく「最後の5000mが1000mに短くなってラッキー！」ぐらいに思っていたような気がします。

　また、7月の札幌国際ハーフマラソンの前には、菅平高原で合宿を行いました。この合宿中には、設定タイムはやや遅めでしたが、30km走や40km走といった練習にも取り組みました。それまでは、ハーフはトラックの延長線上にあると考えていたので、ハーフのレース前にそれほど距離を踏むことはありませんでした。でも、この合宿は9月のベルリンマラソンを視野に入れていたため、しっかり走り込みました。スピードより距離に比重を置いた練習だったにもかかわらず、札幌国際ハーフは大会新記録（1時間8分14秒）で優勝。その前年に負けを喫したこの大会で、今度は良いリズムを掴むことができました。

　そして再びサンモリッツへ。いよいよマラソントレーニングが本格化していきます。しかし、この後、私の不注意によってあるアクシデントが起きてしまったのです。

　サンモリッツでは、30km走と40km走を組み合わせながら、徐々に質を上げていきました。まずまずの手応えを得て前半を折り返すことができました。しかし、合宿35日目。洗面所で足を滑らせて、腰を強打してしまったのです。あまりにも痛くて、走るのはおろか、歩くことさえもつらく感じたほどでした。その後、様子を見ながら練習を再開したものの、ジョグが中心で、大幅にスケジュールを立て直さなければなり

ませんでした。結局、予定通りの練習をこなせず、途中で合宿を切り上げて、ベルリンマラソンを回避することになりました。

　今振り返っても、そこまでかなり順調に来ていただけに、このアクシデントは本当に悔やまれます。心の底から「もったいないことをしてしまった」と月日が流れても思います。

　その後は、翌年4月のロンドンマラソンに照準を切り替えて再スタートを切りました。しかし、ロンドンの直前に行った昆明合宿中に左脚のアキレス腱に炎症があり、またも出場を見合わせることになりました。

　大会に招待していただいた立場だったので、立て続けにビッグレースを欠場することになり、重い責任を感じました。また、その年の秋から北京五輪に向けた選考レースが始まるので、その前にマラソンを1本走っておきたいという気持ちもあったため、とても無念でした。北京への選考レースは11月の東京国際女子マラソンか、翌08年1月の大阪国際女子マラソンに出場しようと思っていましたが、東京に照準を絞ることにしました。

　ロンドン欠場の原因となったアキレス腱の炎症で、練習ができなかった日々が続きましたが、この時期の練習日誌を読み返すと、いつも以上に細かく丁寧に書かれています。「アキレス腱がギシギシいう」などとリアルな表現も使っています。もちろん監督やコーチにより正確に状態を伝えようと

いう意図があってのことですが、丁寧に書くことで、治りが早くなるような気がしていたのかもしれません。

　たまたま2レース続けて走れなかったことで、このあたりから私の現役生活の後半はケガだらけだったように言われることが多かったと感じます。それまでが順調だっただけに、故障が目立つようになった印象があったのでしょう。

　しかし当人にしてみれば、それまでにも細かい故障や小さなアクシデントはありましたし、自分自身の状態をそんなに悲観的には捉えていませんでした。その証拠に、東京国際女子マラソンに向けては、ぐんぐん調子を上げていきましたから。

　一方で、年齢も20代後半になっていたので、「今までとは違うのだから、注意しないといけない」との意識を、少しずつ心に留めるようになっていきました。

マラソンで日本記録を出した後も好調を維持。再びベルリンマラソンに照準を定めて、再度日本記録を更新するために、練習の強度をさらに上げた。また、新しい試みにも取り組み始めた。この日、実施した「5000m＋5000m＋1000m」というメニューは、以前であれば「5000m×3本」だったが、最後の1本をハイペースの1000mとした。これは、ペースの切り替えに対応し、瞬時にぐっとペースを上げられるようにすることが目的。速さも強さも求める練習だ。

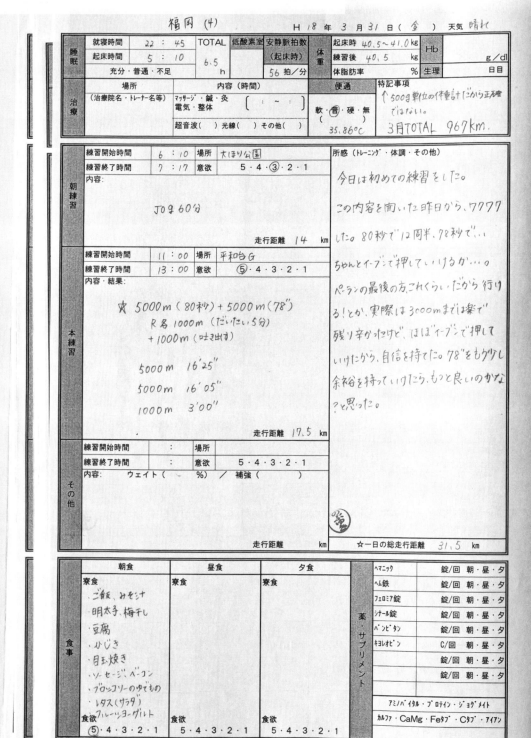

福岡 (4)　　　　H 18 年 3 月 31 日 (金) 天気 晴れ

睡眠	就寝時間	22 : 45	TOTAL	低酸素室	安静脈拍数（起床時）	体重	起床時 40.5～41.0 kg	Hb	
	起床時間	5 : 10	6.5 h		56 拍／分		練習後 40.5 kg		g／dl
	充分・普通・不足						体脂肪率 ％	生理	日目

治療	場所（治療院名・トレーナー名等）	内容（時間）マッサージ・鍼・灸 電気・整体 [: ～ :]	便通 軟・普・硬・無 35.86℃	特記事項 ↑500g単位の体重計にだから正確ではない。 3月TOTAL 967km.
		超音波( ) 光線( ) その他( )		

朝練習	練習開始時間	6 : 10	場所	大ほり公[園]
	練習終了時間	7 : 17	意欲	5・4・③・2・1
	内容： JOg 60分			
		走行距離 14 km		

所感（トレーニング・体調・その他）

今日は初めての練習をした。

この内容を聞いた昨日から、ワクワクした。80秒で12周半、78秒で…ちゃんとイーブンで押していけるか…。ペランの最後の方、これくらいだから行ける！とか、実際は3000mまでは楽で残り辛かったけど、ほぼイーブンで押していけたから、自信を持てた。78"をもう少し余裕を持っていけたら、もっと良いのかな？と思った。

本練習	練習開始時間	11 : 00	場所	平和台 G
	練習終了時間	13 : 00	意欲	⑤・4・3・2・1

内容・結果：

☆ 5000m（80秒）＋5000m（78"）
R各 1000m（だいたい 5分）
＋1000m（吐き出す）

5000m　16'25"
5000m　16'05"
1000m　3'00"

走行距離 17.5 km

その他	練習開始時間	:	場所	
	練習終了時間	:	意欲	5・4・3・2・1
	内容： ウェイト(－ ％) ／ 補強( )			
		走行距離 km	☆一日の総走行距離 31.5 km	

	朝食	昼食	夕食			
食事	寮食 ・ご飯、みそシチ ・明太子、梅干し ・豆腐 ・ひじき ・目玉焼き ・ソーセージ、ベーコン ・ブロッコリーのゆでもの ・レタス（サラダ） ・フルーツヨーグルト	寮食	寮食			
	食欲 ⑤・4・3・2・1	食欲 5・4・3・2・1	食欲 5・4・3・2・1			

薬・サプリメント		
ヘマニック	錠／回	朝・昼・夕
ヘム鉄	錠／回	朝・昼・夕
フェロミア錠	錠／回	朝・昼・夕
シナール錠	錠／回	朝・昼・夕
パンビタン	錠／回	朝・昼・夕
キヨレオピン	C／回	朝・昼・夕
	錠／回	朝・昼・夕
	錠／回	朝・昼・夕
アミノバイタル・プロテイン・ジョグメイト		
カルファ・CaMg・Feタブ・Cタブ・アイアン		

菅平合宿⑩3　　　　　　　　H 18 年 6 月 8 日 (木) 天気 曇り

睡眠	就寝時間	22：30	TOTAL	低酸素室	安静脈拍数 （起床時）	体重	起床時	40.8	kg	Hb	
	起床時間	5：10	6.5 h				練習後	39.8	kg		g/dl
	充分・普通・不足				56 拍／分		体脂肪率		％	生理	日目

治療	場所 （治療院名・トレーナー名等）	内容（時間） マッサージ・鍼・灸 電気・整体　〔　：　～　：　〕 超音波（　）光線（　）その他（　）	便通 軟・普・硬・無 （　） 36.09℃	特記事項 1

朝練習

練習開始時間	6：15	場所	湿原2.1km
練習終了時間	7：32	意欲	5・4・③・2・1

内容：
　　　　　　　　　　　　腕立て×15

　Jog 70分

　　　　　　　　　　　走行距離　16　km

本練習

練習開始時間	15：00	場所	6.74km 周回
練習終了時間	18：20	意欲	⑤・4・3・2・1

内容・結果：

40km　P※前回の30kmと同じくらい

5km 18'54"　　　　　　35km 2°10'25"（1830）
10km 37'38"（18'44"）　　40km 2°38'45"（1820）
15km 56'33"（18'55"）
20km 1°15'08"（18'35"）　フロート×4
25km 1°33'40"（18'32"）
30km 1°51'55"（18'15"）

　　　　　　　　走行距離　44.5km

その他

練習開始時間	10：20	場所	地下
練習終了時間	11：45	意欲	⑤・4・3・2・1

内容：　ウェイト（　％）／ 補強（　名　）
　　　　　　メディシンバレー　　　B.B
　　　　　　腹筋30×3　　　内転 20ずつ×3
　Jog 30分　背筋30×3　　　外転 20ずつ×3
（走ったり歩いたり）ロシアンツイスト30×3　空気イス1分30秒×3
　　　　　　左右 20ずつ×3
　　　　　　上下 20ずつ×3　走行距離　4.5 km

☆一日の総走行距離　65　km

所感（トレーニング・体調・その他）

今日は40km。菅平で走るのは、この前の30kmも合わせて初めて。風が強く前半は少しあおられたが、広瀬さんが後半は車を前につけてくれて、風よけをしてくれたから、ずい分走りやすく、タイムも後半の方が良く、リズムも、まあまあ良かった。久々の40kmで、走れるか…という思いもあったが、けっこう自信をもてる40kmだった。これでまたがんばりたい。

	朝食	昼食	夕食
食事	寮食 ・ごはん、みそシオ ・肉バム ・ハッシュドポテト ・シャケ ・納豆 ・大根下ろし ・ヨーグルト	寮食 ・サラダうどん ・いなり寿司×3 ・ひじき ・ゴールデンキウイ×2切 ・オレンジ ・ぶどう	寮食 ・ご飯、クリームスープ ・豚しゃぶ ・シャケ ・あげとほうれん草の和えもの ・ゼリー
	食欲 ⑤・4・3・2・1	食欲 ⑤・4・3・2・1	

薬・サプリメント		
ヘマニック	錠/回	朝・昼・夕
ヘム鉄	錠/回	朝・昼・夕
フェロミア錠	1 錠/回	㊐朝・昼・夕
シナール錠	錠/回	朝・昼・夕
パンビタン	錠/回	朝・昼・夕
キヨレオピン	C/回	朝・昼・夕
マルチビタミン	1 錠/回	㊐朝・昼・夕
	錠/回	朝・昼・夕

アミノバイタル・プロテイン・ジョグメイト
・Cタブ・アイアン

2006.6.8 菅平高原で40km走

7月の札幌国際ハーフマラソンの前に菅平高原で合宿を行った。それまではハーフのレース前にこれほど距離を踏むことはなかったが、9月のベルリンマラソンをも視野に入れていたため、菅平では初めてとなる30km走や40km走にも取り組んだ。設定タイムはやや遅めだったものの、きっちりと走りきることができ、自信をつけた。走り込んだ上で札幌ハーフに臨んだが、大会新記録で優勝し、3位に終わった前年の雪辱を果たした。

最後まで諦めず、世界の舞台を目指して

北京五輪欠場から引退レースまで、故障と向き合いながらベストを尽くした日々

　アキレス腱の炎症のため、2007年1月中旬から3月上旬まで約1カ月半もの間はウォークやジョグ中心でしたが、練習に復帰してからは、走るたびに力が戻ってくるのを実感しました。実戦復帰となった5月の仙台国際ハーフマラソンでは、この大会の日本人最高（1時間8分54秒）をマークして優勝することができました。

　6月には5000mの記録会に出場。400mトラック1周を74〜75秒ペースで、一人でどこまで押していけるかをテーマにしていました。途中で少し中だるみしたものの、だいたい予定通りに走れて15分30秒04の自己ベストをマークすることができました。マラソンに向けた調整練習でもそこそこのタイムで走っていましたが、まずまずの手応えがありました。7月の札幌国際ハーフも、その前年に樹立した大会記録に8秒遅れただけで優勝しました。このように、故障から回復した後にも、自らの成長を感じることができました。

　そして、サンモリッツ、昆明でマラソン合宿を行い、北京オリンピックの選考がかかる東京国際女子マラソンに向かっていきます。昆明での2度の40km走は、いずれも好感触を得られるタイムでした。それでも、ライバルになるであろう渋井陽子さんが、40km走の私の記録を1分上回っていたと聞いて、いっそう闘争心を燃え上がらせていました。

　アテネ五輪のときも、ベルリンのときも、直前に何かしらアクシデントがあったのですが、東京国際女子マラソンに向けては、本当にパーフェクトに仕上げることができました。レース8日前のルーティーンの16000mビルドアップ走は、これまでで最も余裕を持って走れました。

　そして2年ぶりとなったマラソンは、100%の力を出し切って2時間21分37秒の大会新記録で優勝。強力なライバルが多かったのですが、2度目の五輪出場権を得ることができました。追われる立場としてプレッシャーを感じていただけに、ほっとしたと同時に、アテネ五輪で金メダルを得たとき以上のうれしさがこみ上げてきたのでした。

　しかし、翌08年の夏、北京五輪のスタートラインに立つことは叶いませんでした。本番まで1カ月を切ってから、大きな落とし穴が待っていたのです。レースに向けた総仕上げのサンモリッツ合宿の15日目（7月19日）に、左脚大腿部を痛めてしまいました。6月の菅平合宿中にも気になっていた箇所でしたが、その後は何事もなく練習ができていました。その日は、朝から「ペースが上げにくいな」と違和感を覚えていたのですが、午前中の本練習で30km走を始めると、痛みが走ったので、途中で切り上げました。左脚大腿部の肉離れでした。

翌日は歩くのもやっとの状態。治さなければ練習を再開できないことは分かっているのに、焦りばかりが募りました。ゆっくり走ってみても痛みが走り、どんどん悪化していくようでした。最後の最後まで決して諦めたくなかったのですが、痛みは引かず、北京五輪の欠場を決断しました。その事態の大きさに、落ち込むよりも「申し訳ない」という気持ちで胸がつぶれそうでした。

当時を冷静に振り返ると、ピリピリしすぎて気持ちのコントロールができていなかったことが、故障につながったのではないかと思っています。自分の体との対話がいかに大切かをわかっていたはずなのに、きちんと向き合えていなかったのでしょう。

この肉離れには相当苦しみました。当時の練習日誌を見返すと、「焦っても仕方ない」と自分に言い聞かせている日もあれば、走れないことにストレスを感じて愚痴をこぼしている日もあります。その日の状態によって、気持ちに浮き沈みがありました。練習日誌の表紙には、自分を鼓舞するような言葉が書いてあります。

その後も、走れるようになったかと思えば、無理をして再びケガの繰り返し。2年ぶりにレースに復帰した後も、また痛みがぶり返し、再びリハビリメニューの日々。さらに左脚の筋力が落ち込んで、それをかばったからか、故障があちこちに飛び火しました。左脚が抜ける感覚に陥る「ぬけぬけ病」にも悩まされました。

そんな苦しい日々が長く続いたので、4年半ぶりのマラソンとなった12年3月の名古屋ウィメンズマラソンを走り切ったときは、ロンドン五輪出場を逃す6位（2時間25分33秒）だったものの、「諦めなくて良かった」と感慨深かったものです。

そして、その1年後の名古屋では3位（日本人2位）に入り、13年モスクワ世界選手権の切符を得ました。そのモスクワでは初めてゴールに辿り着けませんでしたが……。「走った距離は裏切らない」を信条に励んできましたが、廣瀬さんが課す練習を質量ともに以前のようにはこなせなくなり、引退間近の頃は、練習の設定タイムを自分自身で考えることが多くなりました。

そして、引退レースとなった16年の名古屋を迎えました。最後までリオ五輪を諦めたくありませんでした。加えて、3年前のモスクワ世界選手権で初めてゴールに辿り着けなかったので、どうしてもフィニッシュしたいと強く思っていました。結果は、2時間33分54秒で23位。今までで最も悪いタイムでしたが、沿道やすれ違うランナーの方からの応援がすごくて、「一人で走っているんじゃない」という気持ちで走り続けることができました。アテネで金メダルをとったときと同じような感覚でフィニッシュテープを切ることができ、思い出に残る最高のレースでした。

昆明 ⑯　　　　　　H 19 年 10 月 27 日 (土)　天気 はれ

睡眠	就寝時間	22：30	TOTAL	低酸素室	安静脈拍数 (起床時)	体重	起床時	41.0	kg	Hb	
	起床時間	5：00	7		60 拍／分		練習後	39.0	kg		g／dl
	充分・普通・不足		h				体脂肪率		％	生理	日目

治療	場所 (治療院名・トレーナー名等)	内容 (時間)		便通	特記事項
	高橋さん	マッサージ・鍼・灸 電気・整体・他 [8：20〜9：00 20：40〜21：50]		軟・普・硬・無	
		(超音波　分)(光線　分)(オアシス　分)		30、45℃	

所感 (トレーニング・体調・その他)

朝練習	練習開始時間	6：05	場所	同回
	練習終了時間	7：10	意欲	5・4・③・2・1
	内容：			
	腕立て×15			
	50' JOG			
	走行距離　15　km			

今日はここでのラストの40km、及び距離走。この前の事もあるし、ましてや、東京の事も考えながらの思い入れのある40kmだった。30kmまでは、まあまあラスト10kmの事を考え余裕をもって走っていたが、30〜35kmが思ったより動けなかった。でも、この前よりもペース速めで入ってるのもあるからか、とも思ったが、このきつい感覚を覚えておいて、本番に生かせるようにしたい。

本練習	練習開始時間	15：35	場所	同回
	練習終了時間	18：40	意欲	⑤・4・3・2・1

内容・結果：15：55 スタート
40km　(18'10〜上げる)

5km	17'50"	35km	2°04'45"
10km	35'41" (17'51")		(17'48")
15km	53'34" (17'53")	40km	2°22'19"
20km	1°11'24" (17'49")		(17'34")
25km	1°29'09" (17'45")		2°22'19"
30km	1°46'57" (17'48")		

走行距離　44.5　km

最後の4km走が一番、着地点までとれて良かった。良いイメージを残して、残りのトレーニングを消化しよう！！

その他	練習開始時間	10：30	場所	トレーニングルーム
	練習終了時間	12：00	意欲	⑤・4・3・2・1
	内容：ウェイト (　％) ／ 補強 (B)			
	5' walk			
	30' JOG			
	走行距離　5　km			

コーチ '07.10.28

一日の総走行距離　64.5　km

	朝食	昼食	夕食
食事	寮食	寮食	寮食
	おかゆい・ごはん	ごはん・スープ	ごはん、スープ
	ラーメン　みそ汁	豚とピーマンの炒めもの	ほうれん草の炒めもの
	目玉焼き	チンゲン菜	鶏の唐揚げ
	チンゲン菜	杏子の和えもの	肉団子
	ポテト	玉子の炒めもの	ぎょうざ
	さんま	その他	オレンジ
	ヨーグルト	ぶどう	メロン
	食欲 ⑤・4・3・2・1	食欲 5・4・3・2・1	食欲 5・4・3・2・1

薬・サプリメント					
鉄剤(市販)		錠／回	朝・昼・夕		
ヘム鉄(サプリ)		錠／回	朝・昼・夕		
鉄剤(処方)	1	錠／回	朝・昼・夕		
ビタミン(丸子)	1	錠／回	朝・昼・夕		
ビタミン( )		錠／回	朝・昼・夕		
ビタミン( )		錠／回	朝・昼・夕		
ミネラル( )		錠／回	朝・昼・夕		
キョレオピン	1	C／回	朝・昼・夕		
アスタキサンチン	1	錠／回	朝・昼・夕		
アミノ酸(味・大・他)・PT・JM					
CaMg・Fe(アイ・コル)・ビタミン( )					

2015.8.28　復活に向けてメニューをアレンジ

08年北京五輪の直前に左大腿部を肉離れし、その後は度重なるケガに苦しんだ。廣瀬監督の練習メニューを以前のようにはこなせず、自分でアレンジして取り組むことが増えた。マラソン復帰に向けてボールダーにほど近いロングモントで合宿を行っており、この日は15kmジョグをペースに変化を付けて走った。翌日は8000mビルドアップ（98"-96"-94"-92"：400mのペース）と200mインターバル×15本（約37秒）を実施。2日間合わせて好感触を得た。

Long mont ⑤　　　　　　H 27 年 8 月 28 日（金）天気 晴れ

睡眠	就寝時間	22 : 40	TOTAL	低酸素室	安静脈拍数（起床時）	体重	起床時	41、8	kg	Hb	11、6
	起床時間	5 : 10	6.5 h		54 拍／分		練習後	40、4	kg		
	充分・普通・不足						体脂肪率		％	生理	

	場所	内容（時間）	便通	特記事項
治療	（治療院名・トレーナー名等）マッサージ・鍼・灸 電気・整体・他　あみさん （超音波　分）（光線　分）（オゾン　分）	〔20:00～20:50〕	軟・夢・硬・無 36,38℃	97%

朝練習
- 練習開始時間 6:15　場所 5.3km course
- 練習終了時間 7:30　意欲 ⑤・4・3・2・1
- 内容：60'jog　・腕立て×15　・うごき　・もも上げ
- 走行距離 14 km

本練習
- 練習開始時間 16:00　場所 5.3km course
- 練習終了時間 18:00　意欲 ⑤・4・3・2・1
- 内容・結果：16:30 start
- 15km 変化をつける
- 自分での設定 1km 4'30～40 ／ 4km 4'00"くらい）これを3set.
- → だいたい 1set目は4'20くらいで4'00の所は4'03　2set目は前より少しペースを上げられた　3set目ラスト2kmは3'45、3'40
- 流し 120mくらい×12　走行距離 20 km

その他
- 練習開始時間 10:40　場所
- 練習終了時間 12:30　意欲 ⑤・4・3・2・1
- 内容：ウェイト（　％）／補強　B
- 30'walk　チューブもも上げ 50×3　サイドレイズ（おもり）30×3
- 走行距離 km

☆一日の総走行距離 **34** km

所感（トレーニング・体調・その他）

今日は15kmの距離の中、jogの中で強弱を付けて変化のある走りをしてみた。最初の5kmはあまり動きが良くなかったが、中盤からラストの方はマシになってきて、ラスト2kmはスタミナ3分40秒台で走れた。1、2km、少しの距離でもちゃんと前進したような気がして嬉しかった。

状態を把握しながら慎重に取り組んで下さい。目的をもって。

	朝食	昼食	夕食		薬・サプリメント			
食事	寮食	寮食	寮食	鉄剤（市販）		錠/回 朝・昼・夕		
		15km		ヘム鉄（サプリ）		錠/回 朝・昼・夕		
		1km 4'19"	7km 3'58"	鉄剤（処方）		錠/回 朝・昼・夕		
		2km 3'59"	8km 3'55"	パンビタン		錠/回 朝・昼・夕		
		3km 4'01"	9km 4'00"	Ca:Mg	6	錠/回 朝・昼・夕		
		4km 4'03"	10km 4'01"(40秒)	ワールド1		錠/回 朝・昼・夕		
		5km 4'01"(20'27")	11km 4'19"	EPA	5	朝・昼・夕		
		6km 4'22"	12km 3'54"	(Fe)Bc タブ	1	錠/回 朝・昼・夕		
			13km 3'57"	キヨレオピン		C/回 朝・昼・夕		
			14km 3'45"	アミノ（バイタル・バリュー・他）				
	食欲 5・4・3・2・1	食欲 5・4・3・2・1	15km 3'40" 食欲 5・4・3・2・1	亜鉛				

1°00'25"

どこに行っても
自分が過ごしやすい空間をつくる

無理に気持ちを切り替えようとしないことも、メンタル面をコントロールするコツだった気がします

　もともとの私の性分もありますが、私は環境の変化を全て楽しむようにしています。長期の合宿先に到着して私が最初にやることは、自分の世界をつくること。時計を置いて、スピーカーを置いて、洗面所に洗面道具を並べて、といった具合に自分の過ごしやすい空間をつくっていきました。そういったルーティーンのようなものがひとつあると、環境の変化に対応しやすくなりますし、気持ちのリセットもしやすくなると思います。中国の昆明、アメリカのボールダー、スイスのサンモリッツをはじめ、世界中のいろいろなところでトレーニングをしてきましたが、たぶん私はどこに行ってもやっていけるだろうと思っています。

　また、私は気持ちの切り替えが早いほうだと思いますし、その土地その土地を楽しもうという意欲を持っています。2003年のパリ世界選手権の前にサンモリッツで合宿を行った際に、絶不調に陥ったことがありました。そんなタイミングでパリにマラソンコースの下見に行くことになったのですが、空港まで移動する際に電車の窓から見えたスイスの山々の景色、移動時に聴いていた音楽、そして、サンモリッツとは全く異なるパリの都会の雰囲気、食事といったことを思い切り楽しみました。そして初めてのパリにテンションが上がり、うまく気分転換をすることができました。

　練習を思い通りにこなせなくてくじけそうになったときは、無理に気持ちを切り替えようとしないことも、メンタル面をコントロールするコツだった気がします。その気持ちにとことん浸り、自分の部屋にこもって思い切り泣いて、寝てしまえば、それですっきり。次の日の朝には何事もなかったかのように、練習に臨むことができました。

　立て続けにケガをしたときなどは焦りばかりが募り、気持ちのコントロールがなかなかできないこともありました。特に、2008年の北京五輪の欠場を決断した際は、ことの大きさに、落胆するというよりも「申し訳ない」という心苦しさでいっぱいでした。欠場の原因となった左脚大腿部の肉離れには相当苦しみました。そんなときには、練習ノートに「焦っても仕方ない」としたためて自分に言い聞かせたり、練習ノートの表紙に前向きな言葉を書いて自分を鼓舞したりして、気持ちを立て直すように努めていました。練習ノートにはそんな役割もあったのです。

集中しているときほど、
脳内では音楽が流れていた

　ところで、私にとって、絶対に欠かせなかったのが音楽です。

　今は一人でジョギングをするときにはワイヤレスのイヤホンを着けて音楽を聴きながら走っていますが、現役の頃は走るスピードが速くて、音楽を聴きながら走るのは危険でした。ですから、もちろんイヤホンを着けて走ってはいません。それでも私の頭の中では、常に音楽が流れていました。

　合宿中の宿舎では、MTVなどの音楽専門チャンネルをしょっちゅう見ていました。そのときどきのビルボードチャートで上位にランクインするような流行の曲や、ときにはオールディーズ特集など、様々なジャンルの音楽を耳にしていました。スイスの大自然は目の保養になって良かったのですが、さすがに1カ月も過ぎると飽きてくることがあります。そんなときには、好きなミュージックビデオのシーンを思い浮かべて、クラブで踊っているような場面を想像していました。当時はクラブなどに行ったことがなく、完全にミュージックビデオの中の世界でしたが、私の脳内では、スイスの大自然がいつでも大都会ニューヨークのクラブに早変わりしていました。

　また、好きな音楽にMTVや街中で出会ったときには、頭の中に留めておき、帰国してから意地でも探し出していました。今だったら、スマートフォンのアプリで簡単に探し出せますが、当時はそうはいきません。探し当てたときの喜びといったら、言葉にできないほどでした。

　もちろん、自分自身でも好きな音楽をMDやiPodに入れて遠征先に持っていきました。新幹線や飛行機で移動するときには、景色を見ながら音楽にどっぷり浸かっていると、あっという間に目的地に到着しています。また、合宿先では大音量で音楽をかけて、頭を振りながら聴いていました。雪深いスイスは建物の壁がぶ厚いから、そんなことができたのです。そうやって気分転換とリラックスをしていました。こんなふうに音楽に浸っていたので、私の頭の中はジュークボックスのようになっていて、いつでも好きな音楽を脳内再生することができました。走っているときは、集中していればいるほど、脳内ではバックグラウンドで音楽が流れていた気がします。

　次頁で、私が聴いていた（もしくは、聴きたい）音楽のプレイリストをシーン別に紹介します。ランニングのお供にするなど、参考にしていただけたら幸いです。

シーン別プレイリスト

Playlist 1
レースで気分を盛り上げるために

1　Joe Budden "Pump It Up"
2　N.E.R.D. "She Wants To Move"
3　Kanye West "Touch The Sky"
4　Amerie "1 Thing"

Playlist 2
ムシャクシャしたときに

1　SUM41 "Still Waiting"
2　Green Day "Basket Case"
3　Green Day "American Idiot"

「行くしかないだろ！」と覚悟が決まる

　レース中、もしくはレース前に聴くと、気分が上がるような曲を選びました。

　レースのとき、私は緊張感を楽しむタイプだったので、アップテンポ調で少し激しめの曲で緊張感を高め、気分を盛り上げていました。そうすると、「行くしかないだろ！」と覚悟が決まります。もちろん、レース中の音楽は脳内再生です。そのときどきの直前合宿で頻繁に聴いていた曲が、リピート再生されることが多かったです。

　例えば、Joe Buddenの『Pump It Up』は、映画『ワイルドスピード X2』のエンディング曲で、初めてスイスのサンモリッツで合宿を行ったときにテレビをつけるとよくCMで流れていて、それが頭にこびりつき、レース中に脳内再生されていました。Kanye Westの『Touch The Sky』とAmerieの『1 Thing』はサンモリッツ合宿中に、N.E.R.D.の『She Wants To Move』は、昆明合宿中に、それぞれ音楽チャンネルで流れていた曲です。

　ここでは洋楽ばかりを選びましたが、アテネ五輪のレース序盤で頭の中に流れていたのは、日本代表の応援歌だったサザンオールスターズの『君こそスターだ』でした。

最高に暴れられる曲。爆音で！

　Green Dayの2曲なんかはまさに、ムシャクシャしたときに聴くべき曲ですね。SUM41の『Still waiting』はボールダーでよく聴いていました。最高に暴れられる曲で、頭を振ったり、枕を放り投げたりと、アクションを伴っていた気がします（笑）。日本の住宅事情では難しいかもしれませんが、爆音で流すとスカッとしますよ！　これらの曲は、今でもストレスが溜まったときなどに結構聴いています。走っていても、信号待ちをしているときに、自然と口ずさんでいることがあります。

野口さん愛用の
**ロック
Tシャツ**

信号待ちでは
思わずノリすぎて
走るのを
忘れることも

Playlist 3
リラックスしたいときに

1　Mary J.Blige "Everything"
2　Chris Brown "Undecided"
3　Ashanti "Rock Wit U"
4　DeBarge "I Like It"

Playlist 4
普段のランニングで

1　Steve Aoki "Delirious"
2　JAY-Z "99 Problems"
3　Pharrell Williams "Thats Girl" ft.Snoop Dogg
4　Big Pun "Still Not a Player"
5　Ramones "Beat on the Brat"
6　Ramones "Sheena Is a Punk Rocker"
7　Lil Wayne "Uproar"
8　Sonic Youth "Incinerate"

繰り返し聴きたくなるのは昔の曲

　Chris Brown の『Undecided』だけ比較的最近の曲ですが、少し昔の曲が多くなりました。年代を問わず、自分が良いと思った曲は好きになってしまいます。ヒップホップでもR&Bでもロックでも、リラックスしたいときは、昔の曲のほうがしっくりきて、繰り返し聴きたくなるんですよね。Mary J.Blige の『Everything』は昔から好きで、メロディーラインがゆったりしているので、散歩しながら聴きたくなります。Ashanti の『Rock Wit U』、DeBarge の『I Like It』は、パリ世界選手権の前によく聴いていました。

ヒップホップやEDMなど、ノレる曲が好き

　現役時代は、走るときに音楽を聴くことはありませんでしたが、今はそんなにスピードを出して走ることはないので、ワイヤレスのイヤホンを着けて、音楽を聴きながら走っています。私はヒップホップやEDM（エレクトロニック・ダンス・ミュージック）など、ノレる曲が好きです。Steve Aoki の『Derilious』はまさに「THE EDM」とでも言うべき曲で、走りながらクラブで踊っているような感覚になれます。最近はYouTubeMusicが新しい曲を知る情報源になっています。Big Pun の『Still Not A Player』などは、YouTubeMusicでおすすめされた曲でした。また、夫がロックやパンクに詳しいので、Ramones や Sonic Youth はその影響で聴くようになりました。夫と知り合ってからは、私がヒップホップとEDM担当で、お互いに補完し合う形で音楽の世界が広がりました。

185

野口みずきの足跡

0歳
1978年7月3日
誕生。
出生時の身長は47.5cm、
体重は2550g

6歳
1985年4月
伊勢市立厚生小学校に入学。
小学生の頃は、運動会の
徒競走は1番か2番と、
そこそこ足が速かった。

12歳
1991年4月
伊勢市立厚生中学校に入学。
友人に誘われて
陸上競技部に入る。

24歳
2003年1月
大阪国際女子マラソンで
2回目のマラソン。
当時日本歴代2位、
国内最高記録の
2時間21分18秒で優勝し、
パリ世界選手権の切符を
つかむ。

23歳
2001年8月
日本選手権の10000mで3位に入り、
世界選手権エドモントン大会に出場する。

2002年3月
予定よりも1年延びたが、
名古屋国際女子マラソンで初マラソンに挑戦。
狙っていた初マラソン世界最高記録には
届かなかったが、初優勝を飾る。

25歳
2003年8月
パリ世界選手権で
銀メダルを獲得し、
アテネ五輪の日本代表に
内定する。

26歳
2004年8月
アテネ五輪で
金メダルを獲得

27歳
2005年9月
ベルリンマラソンで
2時間19分12秒の
日本記録・アジア記録を
樹立する

2005年12月
シスメックスに移籍

28歳
2006年9月
ベルリンマラソンを
ケガで出場回避

2007年4月
ロンドンマラソンを
ケガで出場回避

アテネ五輪のときのシューズ

37歳
2016年7月
結婚。夫の転勤に合わせて
上海に引っ越す

2017年1月
大阪国際女子マラソンで
テレビ解説者デビュー

40歳
2019年1月
岩谷産業アドバイザーに

41歳
2020年3月
東京オリンピックの
聖火リレーで
再びギリシャを走る

15歳

1994年4月

陸上の強豪・三重県立宇治山田商業高等学校に入学。

17歳

1996年3月

後にチームメイトとなる真木和が名古屋国際女子マラソンで初マラソン初優勝を飾る。その走りに衝撃を受ける。

18歳

1996年8月

3000mで全国高校総体（インターハイ）に出場。

1996年12月

全国高校駅伝に出場し1区を担う。

1997年4月

ワコールに入社

20歳

1998年10月

藤田信之監督や真木らとともにワコールを退社。失業保険を受けながら、競技を続ける。

1999年2月

グローバリーに入社。犬山ハーフマラソン優勝をきっかけに、ハーフマラソンに適性を見出し、後に「ハーフの女王」の異名をとる。

21歳

1999年10月

世界ハーフマラソン選手権で銀メダルを獲得。

22歳

2000年7月

札幌国際ハーフマラソンで高橋尚子と直接対決。これが初対戦であり、唯一の勝負となった。高橋が優勝し、野口は3位だった。その後、高橋はシドニー五輪で金メダルを獲得。その姿を見た野口は、オリンピック金メダルを目標に掲げるようになる。

29歳

2007年11月

東京国際女子マラソンで2年2カ月ぶりのマラソンに挑み、大会新記録を樹立し優勝を果たす。北京五輪へ一歩前進

30歳

2008年8月

北京五輪代表に選出されるも、直前にサンモリッツでケガをし、出場辞退

33歳

2012年3月

名古屋ウィメンズマラソンで4年4カ月ぶりにマラソンを走り、6位。ロンドン五輪を逃すも、現役続行を決意。

35歳

2013年8月

猛暑のモスクワ世界選手権で途中棄権に終わる

37歳

2016年3月

リオ五輪出場を目指し、名古屋ウィメンズマラソンに出場。2時間33分で23位に終わるも、現役最後のマラソンとして完全燃焼。「脚が壊れるまで走る」をやり抜く

34歳

2013年3月

名古屋ウィメンズマラソンで3位に入り、モスクワ世界選手権の日本代表に選出される

出場したレースのゼッケン

野口みずきの戦績

自己ベスト

[マラソン]
2時間19分12秒（2005年）

[ハーフマラソン]
1時間07分43秒（2006年）

[10000m]
31分21秒03（2004年）

[5000m]
15分30秒04（2007年）

成績（1995〜2016）

〈1995年〉
6月2日　全国高校総体三重県予選 3000m　1位
　　　　10分03秒68
6月23日　全国高校総体東海地区予選 3000m　5位
　　　　9分49秒77
8月2日　全国高校総体 3000m
　　　　予選1組11位　9分56秒77

〈1996年〉
1月14日　全国都道府県対抗女子駅伝 5区（4.1075km）
　　　　16位　13分48秒
5月31日　全国高校総体三重県予選 3000m　1位
　　　　9分46秒60
6月21日　全国高校総体東海地区予選 3000m　4位
　　　　9分40秒44
8月2日　全国高校総体 3000m
　　　　予選2組13位　9分50秒15
11月24日　高校駅伝東海地区大会 1区（6km）　3位
　　　　19分59秒
12月22日　全国高校駅伝女子 1区（6km）　16位
　　　　20分14秒

〈1997年〉
1月14日　全国都道府県対抗女子駅伝 2区（4km）
　　　　17位　13分03秒
5月17日　関西実業団対抗 3000m　4位
　　　　9分34秒47
6月14日　全日本実業団対抗 3000m　-位
　　　　9分35秒12
11月16日　全日本女子ロードレース 10km　-位
　　　　33分40秒
12月7日　山陽女子ロードレース 10km　-位
　　　　33分17秒

〈1998年〉
1月11日　全国都道府県対抗女子駅伝 9区（10km）
　　　　11位　32分42秒
5月10日　関西実業団対抗 5000m 5位　16分20秒61

5月17日	福井中学オープン 3000m　2位	
	9分24秒51	
5月23日	GGのべおか 5000m　4位	
	16分17秒95	
6月13日	全日本実業団対抗 3000m 25位	
	9分43秒42	

〈1999年〉

1月17日	全国都道府県対抗女子駅伝 1区（6km）10位
	32分42秒
2月28日	犬山ハーフマラソン　優勝
	1時間10分16秒
3月14日	松江レディースハーフマラソン　2位
	1時間11分56秒
4月25日	兵庫リレーカーニバル 10000m　13位
	33分09秒98
7月2日	京都府選手権 5000m　優勝
	15分57秒65
7月18日	札幌国際ハーフマラソン　2位
	1時間10分01秒
8月8日	士別ハーフマラソン　3位
	1時間15分18秒
10月3日	世界ハーフマラソン選手権（イタリア・パレルモ）
	2位　1時間09分12秒
10月27日	国民体育大会 5000m　6位
	15分34秒36
11月23日	名古屋ハーフマラソン　優勝
	1時間08分30秒
12月5日	記録会（西京極）5000m 3位
	15分48秒
12月13日	アジアクロスカントリー選手権 8000m
	優勝　30分54秒

〈2000年〉

1月16日	全国都道府県対抗女子駅伝 9区（10km）
	4位　32分11秒
2月20日	千葉国際クロスカントリー 8km
	3位（日本人2位）　27分02秒
3月18日	世界クロスカントリー選手権（ポルトガル）
	8080m　26位　27分30秒

3月19日	世界クロスカントリー選手権
	シニアショート　59位
4月9日	熊本長距離記録会　5位
	15分42秒08
4月23日	兵庫リレーカーニバル 10000m　10位
	32分21秒99
5月20日	関西実業団対抗 10000m　2位
	32分31秒03
6月10日	全日本実業団対抗 10000m　7位
	32分05秒23
6月11日	全日本実業団対抗 5000m 12位
	15分50秒40
7月2日	札幌国際ハーフマラソン 3位
	1時間10分36秒
8月6日	士別ハーフマラソン 優勝
	1時間13分26秒
11月12日	世界ハーフマラソン選手権（メキシコ・ベラクルス）
	4位　1時間11分11秒
12月17日	山陽女子ロードレース　優勝
	1時間09分44秒

〈2001年〉

1月14日	全国都道府県対抗女子駅伝 9区（10km）
	3位　32分30秒
3月11日	全日本実業団ハーフマラソン　優勝
	1時間08分45秒（大会新）
4月8日	ソウル国際女子駅伝 1区（6km）2位
	19分10秒
4月22日	兵庫リレーカーニバル 10000m 8位
	32分15秒29
5月20日	関西実業団対抗 5000m　優勝
	15分48秒11
5月26日	東アジア競技大会 ハーフマラソン
	優勝　1時間11分18秒（大会新）
6月10日	日本選手権 10000m　3位
	31分51秒13（自己新）
7月1日	札幌国際ハーフマラソン　2位
	1時間9分51秒
8月7日	世界選手権エドモントン大会 10000m
	13位　32分19秒94

10月7日	世界ハーフマラソン選手権(イギリス・ブリストル)	
	4位　1時間08分23秒(自己新)	
11月3日	淡路島女子駅伝 4区(11.2km)　1位	
	34分50秒(区間新)	
11月23日	名古屋シティハーフマラソン　優勝	
	1時間08分28秒(大会新)	
12月9日	全日本実業団女子駅伝 3区(10km)	
	3位　32分21秒	

〈2002年〉

1月6日　宮崎女子ロードレース　優勝
　　　　1時間08分22秒(大会新・自己新)

3月10日　名古屋国際女子マラソン　優勝
　　　　2時間25分35秒(初マラソン)

4月28日　兵庫リレーカーニバル 10000m　3位
　　　　32分05秒34

5月5日　世界ハーフマラソン選手権(ベルギー・ブリュッセル)
　　　　9位　1時間09分43秒

8月4日　網走ハーフマラソン　優勝
　　　　1時間09分49秒(大会新)

9月8日　グレートスコッティッシュラン(ハーフ)
　　　　2位 1時間10分06秒

9月28日　全日本実業団対抗 10000m　3位
　　　　31分50秒18(自己新)

10月12日　四国電力長距離記録会 5000m　1位
　　　　15分35秒4

10月26日　徳島県中長距離記録会 5000m　1位
　　　　15分46秒27

11月23日　名古屋シティハーフマラソン　優勝
　　　　1時間09分38秒

〈2003年〉

1月26日　大阪国際女子マラソン　優勝
　　　　2時間21分18秒　日本国内最高記録(当時)、
　　　　大会新(当時)、自己新

3月9日　全日本実業団ハーフマラソン　優勝
　　　　1時間08分29秒(大会新)

5月17日　関西実業団対抗 5000m　3位
　　　　15分44秒44

6月6日　日本選手権 10000m　4位
　　　　31分59秒28

8月31日　世界選手権パリ大会　2位
　　　　2時間24分14秒

11月9日　神戸全日本女子ハーフマラソン　優勝
　　　　1時間09分52秒

12月7日　山陽女子ロードレース　優勝
　　　　1時間10分04秒

〈2004年〉

1月6日　宮崎女子ロードレース　優勝
　　　　1時間07分47秒(大会新・自己新)

2月15日　青梅マラソン(30km)　優勝
　　　　1時間39分09秒　日本最高記録(当時)

4月25日　兵庫リレーカーニバル 10000m　4位
　　　　31分21秒03(大会新・自己新)

8月22日　アテネ五輪　優勝
　　　　2時間26分20秒

〈2005年〉

5月15日　関西実業団対抗 10000m　優勝
　　　　31分44秒29(大会新)

6月11日　サムスンディスタンスチャレンジ 5000m
　　　　2位　15分42秒53

7月3日　札幌国際ハーフマラソン　3位
　　　　1時間9分46秒

9月25日　ベルリンマラソン　優勝
　　　　2時間19分12秒　日本最高記録、
　　　　アジア最高記録、世界歴代3位(当時)、
　　　　大会新(当時)

〈2006年〉

2月5日　香川丸亀ハーフマラソン　2位
　　　　1時間07分43秒 自己新、日本歴代2位(当時)

3月12日　全日本実業団ハーフマラソン　優勝
　　　　1時間08分49秒

4月23日　兵庫リレーカーニバル 10000m　6位
　　　　31分50秒13

5月19日　関西実業団対抗 10000m　2位
　　　　32分48秒51

6月17日 関西実業団記録会 5000m 1位
15分38秒00

7月9日 札幌国際ハーフマラソン　優勝
1時間08分14秒（大会新）

10月21日 神戸女子選抜長距離 10000m　5位
32分31秒44

11月26日 上海国際ハーフマラソン　優勝
1時間09分03秒（大会新）

〈2007年〉

1月6日 宮崎女子ロードレース　優勝
1時間08分30秒

5月13日 仙台国際ハーフマラソン　優勝
1時間08分54秒

6月16日 関西実業団記録会 5000m　1位
15分30秒04（自己新）

7月8日 札幌国際ハーフマラソン　優勝
1時間08分22秒

11月18日 東京国際女子マラソン　優勝
2時間21分37秒　大会新

〈2008年〉

1月13日 全国都道府県対抗女子駅伝 9区（10km）
1位　31分53秒

5月11日 仙台国際ハーフマラソン　優勝
1時間08分25秒

8月17日 北京五輪
欠場

〈2010年〉

12月19日 全日本実業団対抗女子駅伝 3区（10km）
20位　34分00秒

〈2011年〉

10月23日 実業団女子駅伝西日本大会 3区（10.2km）
1位　32分25秒

11月20日 Heuvelenloop（15km）　5位　50分24秒

12月23日 山陽女子ロードレース（ハーフ）　5位
1時間10分48秒

〈2012年〉

3月11日 名古屋ウィメンズマラソン　6位
2時間25分33秒

9月30日 ロックンロールハーフマラソン
リスボン大会　4位　1時間12分20秒

10月28日 実業団女子駅伝西日本大会 3区（10.2km）
2位　33分03秒

12月16日 全日本実業団女子駅伝 5区（10km）
12位　34分22秒

〈2013年〉

3月10日 名古屋ウィメンズマラソン　3位
2時間24分05秒

5月12日 仙台国際ハーフマラソン　優勝
1時間10分36秒

8月10日 世界選手権モスクワ大会　33kmで途中棄権

10月27日 実業団女子駅伝西日本大会 3区（10.2km）
3位　32分37秒

12月15日 全日本実業団女子駅伝 3区（10.9km）
16位　37分38秒

〈2015年〉

3月22日 リスボン・ハーフマラソン　16位
1時間19分04秒

12月6日 京都亀岡ハーフマラソン　3位
1時間18分32秒

〈2016年〉

1月31日 大阪ハーフマラソン　6位
1時間13分28秒

3月13日 名古屋ウィメンズマラソン　23位
2時間33分54秒

※記録結果は編集部調べで判明しているもの

あとがきに代えて 藤田信之

"ミッキーマウス"が稀代のマラソンランナーになるまで

　私は1968年から指導者をしていますが、教え子たちは400mからハーフマラソンまでそれぞれの専門種目で日本記録を打ち立ててきました。残すはマラソンのみ。私自身にとって、教え子がマラソンの日本記録を樹立することはひとつの目標でした。それを叶えてくれたのが野口みずきでした。

　野口の走りを初めて見たときの印象はというと、長距離ランナーとしては体型的にぽっちゃりしていて、下肢の筋力が弱く、踵からベタベタ着くような走り方が「ミッキーマウスが走っているみたいだ」と私が言っていたのを覚えています。記録でも、同期入社の中でブービー賞（下から2番目）で、決して力が突出していたわけではありません。ただ、入社当時から「マラソンがしたい」と言っていて、「脚が壊れるまで走りたい」と言ったことが印象に残っています。指導者として多くの選手と向き合ってきましたが、社会人になったばかりの選手が、そんなことを言うのは珍しいことでした。

　野口がマラソンを志していたのは、先輩の真木和の存在が大きかったと聞きます。1996年の名古屋国際女子マラソンで初マラソン初優勝を飾ったレースを、高校生だった野口がテレビで見ていて、真木に憧れたそうです。もしも真木のレースを野口が見ていなかったら、私のチームに来てくれなかったかもしれないし、マラソンを走りたいと思ったかどうかも分かりません。これも運命だったのでしょう。ちなみに、真木も入社当時は同期の中でブービーでした。そこから力を付けて、10000mで日本記録を樹立し、バルセロナ五輪に出場。そして、マラソンでもアトランタ五輪に出場しました。

　トラックの5000mや1万mを走るときのように腰が高く、ストライドの大きな走法で42.195kmを走らせたい——そんな理想を、指導者としての私は持っていました。野口のミッキーマウスのような走りは、筋力トレーニングなどに取り組み、下肢（特に殿筋、大腿筋を中心に）と上体の双方を鍛えていくことで、だんだんダイナ

藤田監督が最も思い出深いレースに挙げたのが2003年のパリ世界選手権。アテネ五輪までの最短ルートを辿るために、前年のアジア大会を辞退していたが、その状況で五輪代表を勝ち取って胸をなで下ろした

ミックなストライド走法へと変わっていきました。当時でもまだ「長距離選手に筋トレは不要」という考えが残っていたのか、記者の方から「筋量が増えて体が重くなるのでは」と指摘されたことがありました。また、野口がハーフマラソンで結果を出すようになっても「あの走法で42kmは走りきれない」と日本陸連の幹部の方から否定をされました。でも、その後の野口の結果を見れば、私たちの取り組みが間違っていなかったと言えるのではないでしょうか。

　野口は努力ができる選手でした。私たちが課した練習にさらに自分で練習をプラスしていました。例えば、フリージョグの日は、他の選手であれば午前に済ませて午後を休みにするのに、野口の場合は午前に2時間走り、午後も一人で走りに出ていました。ウエイトトレーニングの前にも、他の人よりも多めに走っていたのを覚えています。こうした普段からの積み重ねが豊富な練習量になり、マラソンランナーの野口を形づくっていったのでしょう。

　野口の練習日誌を見ると、毎日真面目に書き込み、自分の身体の状態をしっかり把握して、練習に取り組んでいたのが分かります。練習日誌は、監督やコーチ、チームスタッフが、選手のことを知るためにも重要なアイテムです。野口は自分の身体としっかり対話ができているという印象がありました。彼女の強さにはちゃんと理由があるのです。この本から、その一端をうかがい知ることができるでしょう。

年　月　日　（　）　　　天気

睡眠	就寝時間	:	TOTAL	低酸素室	安静脈拍数（起床時）	体重	起床時		kg	Hb		g/dl
	起床時間	:					練習後		kg			
	充分・普通・不足				拍／分		体脂肪率		%	生理		日目

治療	場所	内容（時間）		便通	特記事項
	治療院名・トレーナー名等	マッサージ・鍼・灸 電気・整体　[　　　　]		軟・普・硬・無	
		超音波（　）・サナモア（　）・低周波（　）		[　　　　]	

朝練習	練習開始時間	:	場所		所感（トレーニング・体調・その他）
	練習終了時間	:	意欲	5・4・3・2・1	
	内容				
				走行距離　　　km	

本練習	練習開始時間	:	場所		
	練習終了時間	:	意欲	5・4・3・2・1	
	内容				
				走行距離　　　km	

本練習	練習開始時間	:	場所		
	練習終了時間	:	意欲	5・4・3・2・1	
	内容　　ウエイト（　　%）／　補強（　　%）				
				走行距離　　　km	☆一日の総走行距離　　　km

食事	朝飯	昼食	夕食	薬・サプリメント		
	寮食	寮食	寮食	ヘマニック	錠／回	朝・昼・夕
				ヘム鉄	錠／回	朝・昼・夕
				フェロミア錠	錠／回	朝・昼・夕
				シナール錠	錠／回	朝・昼・夕
				バンビタン	錠／回	朝・昼・夕
				キヨレオピン	C/回	朝・昼・夕
				ウコン	錠／回	朝・昼・夕
					錠／回	朝・昼・夕
	食欲	食欲	食欲	アミノバイタル・プロテイン・ジョグメイト		
	5・4・3・2・1	5・4・3・2・1	5・4・3・2・1	カルファ・田七・Feタブ・Cタブ・アイアン		

年　　月　　日　（　）　　天気

睡眠	就寝時間	:	TOTAL	低酸素室	安静脈拍数（起床時）	体重	起床時	kg	Hb	g/dl
	起床時間	:					練習後	kg		
	充分・普通・不足				拍／分		体脂肪率	%	生理	日目

治療	場所	内容（時間）		便通	特記事項
	治療院名・トレーナー名等	マッサージ・鍼・灸 電気・整体　[　　　　]		軟・普・硬・無 [　　　　]	
		超音波（　）・サナモア（　）・低周波（　）			

朝練習	練習開始時間	:	場所		所感（トレーニング・体調・その他）
	練習終了時間	:	意欲	5・4・3・2・1	
	内容				
				走行距離　　km	

本練習	練習開始時間	:	場所		
	練習終了時間	:	意欲	5・4・3・2・1	
	内容				
				走行距離　　km	

本練習	練習開始時間	:	場所		
	練習終了時間	:	意欲	5・4・3・2・1	
	内容　　ウエイト（　　　%）　／　補強（　　　%）				
				走行距離　　km	☆一日の総走行距離　　km

食事	朝飯	昼食	夕食	薬・サプリメント		
	寮食	寮食	寮食	ヘマニック	錠／回	朝・昼・夕
				ヘム鉄	錠／回	朝・昼・夕
				フェロミア錠	錠／回	朝・昼・夕
				シナール錠	錠／回	朝・昼・夕
				バンビタン	錠／回	朝・昼・夕
				キヨレオピン	C／回	朝・昼・夕
				ウコン	錠／回	朝・昼・夕
					錠／回	朝・昼・夕
				アミノバイタル・プロテイン・ジョグメイト		
	食欲 5・4・3・2・1	食欲 5・4・3・2・1	食欲 5・4・3・2・1	カルファ・田七・Feタブ・Cタブ・アイアン		

索引

　スピードトレーニングの代名詞ともいえる練習方法で、疾走(速く走ること)と緩走(ゆっくり走ること)を交互に行うトレーニング。かなり負荷が高く、スピードの強化には欠かすことができない。単にスピード強化目的だけでなく、効率の良いフォームを身に着けるために実施することもある。練習の強度や目的に応じて、疾走の距離や本数、ペースをアレンジする。また、緩走部分は、ジョグでもウォークでもいいが、短くすることで練習強度を上げることもできる。　坂道を利用して、さらに高負荷のトレーニングとして行うこともある。一般的に、400m程度までをショートインターバル、1000m前後をミドルインターバル、2000m～5000mをロングインターバルとすることが多い(定義はない)。野口は、ロングインターバルを不得手としていた。

　バーベルやダンベルなど器具を用いて筋力を鍛えるトレーニング。かつては長距離ランナーに筋力トレーニングは不要と言われていたこともあったが、野口はダイナミックなストライド走法で42.195kmを走りきるために、ウエイトトレーニングに取り組んだ。負荷や回数を変えることで、筋力の強化、筋肉への刺激入れ、筋持久力の強化などと目的を変えていた。本書では器具を使わない筋力トレーニングを「補強トレーニング」と称している。

　レースや練習前の準備運動のこと。「アップ」と略されることも多い。ストレッチや軽いジョグ、フロートなどを織り交ぜて、筋温を上げたり、筋肉をほぐしたりしておくことで、レースや練習に備える。パフォーマンスアップや故障予防には欠かせない。　レースや練習の後にも、クーリングダウン(略称「ダウン」)として軽いジョグやストレッチなどを行うことで、疲労回復が早くなる。

　一定のペースで長い距離を走る練習のこと。本文中では「野外走」「ロング走」などとも表記している。そのときの状態や練習の目的によって設定ペース、強度を変える。マラソントレーニングにおいては40km走が定番で、野口の場合も4～5回行い、レースペースよりも遅いペースで「脚づくり」を行っていく。余裕度やペースなどを、前回と比較することで、進捗具合の把握になる。その上、きちんと消化できれば、本番に向けて自信を植え付けることもできる。量を重視したトレーニングなので、質(スピード)を重視した練習と、2日間合わせてセット練習として取り組むことも多い。

　草原や森林、丘陵、公園の芝生エリアなど、起伏のあるコースを走ること。トラックや舗装された道路などと違って、路面が軟らかいので着地衝撃は小さい。だが、起伏が多いので、心肺機能や脚筋力を鍛えることができる。不整地を走るので、捻挫の危険があり足元には細心の注意を払わなければいけないが、体幹部が強化されフォームも安定してくる。野口は本格的なマラソントレーニングに入る前に、菅平高原(長野県)や中国・昆明などのクロスカントリーコースで走り込み、土台づくりを行っていた。昆明のコースは、土の路面で、モトクロスコースのようなかなりハードなものだった。また、菅平高原には、野口の名前を冠したクロスカントリーコースがある。

　一般的に標高約1500m以上(3000mぐらいまで)の土地でトレーニングを行うことを高地トレーニングという(正確な定義はないが、標高約800～1500mの土地を「準高地」とし、区別することが多い)。高地は低圧、低酸素の環境なので、平地と同じトレーニングでも高負荷がかかる。その一方で、人間には環境に適応する能力があるので、運動能力ならびに循環器系の能力が向上する効果が期待できる。夏でも涼しい環境でトレーニングできるメリットもある。野口は、10000mで出場した世界陸上(2001年エドモントン大会)の前に、初めての高地トレー

ニングをアメリカのボールダー(標高約1600m)で実施した。その後、マラソンに取り組むようになると、ボールダーのほか、中国・昆明(標高約1900m)やスイス・サンモリッツ(標高約1800m)などで、高地トレーニングをたびたび行った。それらの土地からさらに標高の高い場所へと足を伸ばして走り込むこともあった。高地でいきなり平地と同様のトレーニングを行おうとすると、体に大きな負荷がかかってしまう。そのため、最初は練習の質・量を普段よりも小さくし、数日間かけて高地の環境に体を馴らしていき、そこから本格的なトレーニングに移っていく。これを「高地順化」という。野口の場合、高地順化にはそれほどに時間がかからず、早々に負荷の高いトレーニングに入ることができた。

ジョグ(ロングジョグ、フリージョグ)
→P29、32、34、36ほか

「ジョギング」のことで、ゆっくり走ることの総称。朝練習のほか、本練習でも、ポイント練習とポイント練習とをつなぐ練習として実施される。マラソントレーニングの大半をジョグが占めるため、実は重要なトレーニングともいえる。そのときの状態に合わせて気持ちのおもむくままに走ったり(フリージョグ)、2時間超もの長時間を走ったり(ロングジョグ)することもある。野口の場合、ポイント練習の翌日は疲労を抜くような意識でフリージョグとしていた。一方で、普段のジョグはキロ4分前後とけっこう速いペースだった(野口にとっては、それが気持ちの良いペースだった)。体の状態や調子、フォームを確認するためなどに行うことがあるものの、ジョグには設定タイムや明確な目標がないため、野口は「あまり好きな練習ではなかった」。

ストライド走法、ピッチ走法
→P44、54ほか

ランニング時の速度は、ストライド(歩幅)とピッチ(歩数)のかけ合わせで決まる。広義では、ストライドが大きい走り方を「ストライド走法」、ストライドが小さくピッチが多い走り方を「ピッチ走法」という。ピッチ走法のほうが着地衝撃が小さいため、マラソン向きの走り方とされていた。野口は典型的なストライド走法で、一歩一歩の着地衝撃が大きいため、「ハーフまでは走れても、マ

ラソンは難しい」と囁かれることもあった。しかし、世界に目を向ければ、女子マラソン元世界記録保持者のポーラ・ラドクリフ(イギリス)のように、ストライド走法のランナーもいる。野口がマラソンに挑戦するにあたって、藤田監督と廣瀬コーチは、野口の走りをピッチ走法に修正するのではなく、筋力などによって、大きなストライドで42.195kmを走り切れるように仕立てていった。

ハーフマラソン
→P24、33、60ほか

マラソン(42.195km)の半分の距離である21.0975kmを走るロードレース。野口が得意としていた種目である。高校卒業後、実業団に進んでから、なかなか結果を残せずにいたが、社会人2年目の終わり(1999年2月)に出場した犬山ハーフマラソンで、いきなり初ハーフ初優勝を果たすと、同年10月には世界ハーフマラソン選手権で初めて日本代表に選出され、銀メダルに輝いた。その後もハーフマラソンで好成績を連発し、「ハーフの女王」と称された。マラソンを走るようになってからは、本格的なトレーニングに入る直前にハーフマラソンを走ることが多かった。

ビルドアップ走(B-up走)
→P136、155ほか

ゆっくりとしたペースから走り始めて、段階的にペースを上げていくトレーニング。取り組む距離や設定ペースによって、スピード養成にも持久力向上にもなる。また、ペース感覚も身に着けることができる。野口の場合は、マラソン本番8日前にトラックで16000mのビルドアップ走(＊4000mごとに1周400mを2秒ずつペースアップ)を実施するのが恒例だった。1周88秒から始まり、最後は82秒とレースペースよりも遅い設定だが、余裕をもってこなせるかどうかで、調子を把握することができた。

フロート(流し)
→P95、125、130、145、154ほか

100m程度の短い距離を、全力(ダッシュ)ではなく、80％程度でリラックスして気持ち良く走ること。「流し」「ウインドスプリント」とも言い、"流す"ようなイメージ

で走る。ウォーミングアップに組み込むと、筋肉に刺激が入り、心拍数が一度上がるので、スムーズに本練習に入ることができる。また、本練習の締めくくりに取り組むと、練習で崩れたフォームの再構築や疲労回復を早める効果も期待できる。

ペース走（変化走）、レースペース走
→P49、70、118ほか

あらかじめ設定されたペースを守って走るトレーニング。トラックなど、正確な距離が分かるコースで、ペース感覚を身に着けるために行う。スピードと持久力を強化できる。 野口の定番の練習には18000mペース走があったが、これは「ペース変化走」ともいえる練習だった。2000mごとにペースを上げて、再び最初のペースに戻し、また上げていくという練習で、スピード持久力の強化を目的としたものだった。 20km程度の距離で、目標とするマラソンのレースペースで実施する「レースペース走」もある。

ポイント練習
→P32、37、44、62ほか

強度の高い重要な練習のことで、インターバル走、ペース走、ビルドアップ走、距離走といった練習がこれに相当する。ポイント練習を2日続けてのセット練習として実施することもある。ちなみに、ポイント練習と次のポイント練習とをつなぐ練習を「つなぎ」「つなぎの練習」と呼ぶことがある。「つなぎ」では主にジョグを行うことが多い。

レペティション
→P45

3kmや5kmといったある程度長い距離を、1本走るごとに休息を挟んで数本走ること。インターバル走は、疾走したあとに緩走でつないで次の疾走に入るが、レペティションは、1本疾走した後に長めに休息を取り、呼吸を整えて心拍数が落ち着くのを待ってから、次の疾走に入る。休息の取り方は、立ち止まっても良いし、歩いたり、ジョグしたりしても良い。しっかりと回復してから次の疾走を行う点がインターバルとの大きな違いであり、より実戦的な練習になる。

野口みずき のぐち・みずき

1978年7月3日、三重県伊勢市生まれ。厚生中で陸上を始め、三重県の強豪・宇治山田商高に進み、全国高校総体に2年連続で出場。高校3年生のときには全国高校女子駅伝に出場し、エース区間の1区を担った。社会人では、ワコール、グローバリー、シスメックスに在籍。99年に初ハーフに挑戦すると、世界ハーフマラソン選手権で銀メダルを獲得するなど才能が開花し「ハーフの女王」の異名をとる。2001年にはエドモントン世界選手権に10000mで出場。02年3月の名古屋国際女子マラソンで満を持してマラソンに挑み初優勝。03年の大阪国際女子マラソンで優勝し、パリ世界選手権の切符を掴むと、同選手権で銀メダル。04年のアテネ五輪では金メダルに輝いた。05年のベルリンマラソンでは2時間19分12秒の日本記録（アジア記録）を樹立した。その後はたびたびケガに苦しんだが、08年北京五輪、13年モスクワ世界選手権の日本代表に選出された。16年3月の名古屋ウィメンズマラソンをラストランに、現役引退を表明。「脚が壊れるまで走る」を最後まで貫いた。

金メダリストのマラソントレーニング
野口みずきの練習日誌

2022年9月30日　第1版第1刷発行

著者　　　野口みずき
発行人　　池田哲雄
発行所　　株式会社ベースボール・マガジン社
　　　　　〒103-8482
　　　　　東京都中央区日本橋浜町2-61-9
　　　　　TIE浜町ビル
電話　　　03-5643-3930（販売部）
　　　　　03-5643-3885（出版部）
振替口座　00180-6-46620
https://www.bbm-japan.com/

印刷・製本　大日本印刷株式会社